档案管理基础与实务研究

刘 彤 王宇雷 著

吉林科学技术出版社

图书在版编目（CIP）数据

档案管理基础与实务研究 / 刘彤，王宇雷著． -- 长春：吉林科学技术出版社，2019.10
ISBN 978-7-5578-6170-4

Ⅰ．①档… Ⅱ．①刘… ②王… Ⅲ．①档案管理—研究 Ⅳ．① G271

中国版本图书馆 CIP 数据核字（2019）第 232655 号

档案管理基础与实务研究 DANGAN GUANLI JICHU YU SHIWU YANJIU

著　　者	刘　彤　王宇雷	
出 版 人	李　梁	
责任编辑	朱　萌	
封面设计	刘　华	
制　　版	王　朋	
开　　本	185mm×260mm	
字　　数	210 千字	
印　　张	9.25	
版　　次	2019 年 10 月第 1 版	
印　　次	2019 年 10 月第 1 次印刷	
出　　版	吉林科学技术出版社	
发　　行	吉林科学技术出版社	
地　　址	长春市福祉大路 5788 号出版集团 A 座	
邮　　编	130118	
发行部电话／传真	0431—81629529　　81629530　　81629531	
	81629532　　81629533　　81629534	
储运部电话	0431—86059116	
编辑部电话	0431—81629517	
网　　址	www.jlstp.net	
印　　刷	北京宝莲鸿图科技有限公司	
书　　号	ISBN 978-7-5578-6170-4	
定　　价	58.00 元	

前　言

    档案是一种无形资产，档案管理工作遍及每个单位。随着我国经济的发展，档案的价值更加凸显，档案管理工作也越来越受到社会各方面的重视。但是，随着人类科学技术以及社会活动领域的拓展，各种门类和载体形式的档案大量增加，国家机关、社会组织和个人在其活动中产生了数量众多、种类多样、载体各异、内容丰富的档案。同时，社会对档案的需求日益增强，需要设立专门的档案管理机构，并需要受过专门的档案教育或培训的人员对其进行系统管理，为社会各项事业发展提供档案利用和服务。

    本书以档案管理基础和实务两方面为重点，分别介绍了档案和档案工作、档案的收集、档案的整理、档案的鉴定、档案的保管、档案的著录、标引及检索，档案的统计、人事档案的管理、会计档案的管理、音像档案的管理、电子档案的管理等。

    由于水平有限，加之时间仓促，书中难免存在一些错误和疏漏，敬请广大专家和学者批评指正。

目　录

第一章　档案和档案工作概述·· 1

　　第一节　档案·· 1

　　第二节　档案工作··· 5

　　第三节　现代档案的人文管理 ·································· 7

第二章　档案收集、整理和鉴定······································ 10

　　第一节　档案收集·· 10

　　第二节　档案整理·· 12

　　第三节　档案鉴定·· 18

第三章　档案保管和统计·· 21

　　第一节　档案保管工作·· 21

　　第二节　档案统计工作·· 25

第四章　档案检索和利用·· 27

　　第一节　档案检索·· 27

　　第二节　档案提供利用·· 28

　　第三节　档案开放与公布 ······································ 34

第五章　档案编研·· 36

　　第一节　档案编研工作的内容 ·································· 36

　　第二节　档案编研工作的原则 ·································· 38

第三节　几种常见档案参考资料的种类及编写 ························ 39

第六章　档案管理工作实务 ··· 43

第一节　档案工作实务概述 ··· 43

第二节　人事档案管理实务 ··· 62

第三节　会计档案管理实务 ··· 69

第四节　文书档案管理实务 ··· 81

第五节　科技档案管理实务 ··· 90

第七章　特殊载体档案管理 ··· 97

第一节　照片档案管理实务 ··· 97

第二节　录音、录像档案管理实务 ·································· 101

第三节　实物档案和内部资料管理实务 ·························· 103

第四节　电子档案管理实务 ··· 106

第八章　档案工作的现代化 ··· 114

第一节　档案工作现代化概述 ·· 114

第二节　档案工作技术现代化 ·· 116

第三节　档案工作管理现代化 ·· 120

第四节　档案工作标准化 ·· 124

第五节　实现我国档案工作现代化的对策 ····················· 132

第六节　档案信息化建设 ·· 134

参考文献 ·· 142

第一章　档案和档案工作概述

第一节　档案

一、档案的定义及其基本要素

《档案工作基本术语》对档案的定义表述为：档案是国家机构、社会组织或个人在社会活动中直接形成的有价值的各种形式的历史记录。本定义包含了四个基本要素。

（一）档案的来源

档案来源于一定的单位或个人，是人们在社会活动中形成的，其形成单位极其广泛。档案的形成者来自两个方面：一是机关、团体、部队、企事业单位等；二是个人、家庭和家族。

档案来自四面八方，是社会上各行各业、各个单位及个人在社会活动中的产物，从而决定了档案来源的广泛性。同时，这些形成档案的特定单位有着相对的稳定性。只要某个单位继续存在，那么相关的档案就会连绵不断地形成和积累，从而决定了档案来源有着一定的连续性和稳定性。另外，各单位每一方面工作、每一次会议、每一项科学技术活动等，必然会产生相关的文字记录，这些多样化的社会活动决定了档案内容的丰富性与联系性。

所以，档案来自一定的单位，形成于特定的社会活动中。档案的来源广泛、内容丰富，同一来源的档案内容之间有着内在的联系，在档案管理中必须尊重和维护这种联系，从而有效地发挥档案的作用。

（二）档案的形成条件

各单位或个人在自身活动中，为了相互交往和记录事务，总要产生和使用许多文件材料，由于工作的持续性和事业的发展，便有意识地将一部分文件留存下来以备查考，但并不是所有的文件都需要和可能实现这个转化。文件转化为档案一般需要具备一定条件，即必须是办理完毕的文件；必须是对日后具有一定查考和保存价值的文件；必须是按照一定规律整理完毕的文件。可见，档案和文件既有联系又有区别，档案是由各种文件材料转化而来的。

1

（三）档案的形式

档案的形式包括档案的载体形式、档案的文种名称和档案内容的记录方式等。我国档案载体形式，古代有龟甲兽骨、青铜钟鼎、竹木板片、金册铁券、缣帛、纸张等，现代有胶片、磁带、磁盘等；档案的文种名称，有诏、谕、题本、奏折、咨呈、照会、电报、命令、通知、条约、协议、计划、报表、会议记录、手稿、日记、信函等形式；档案内容的记录方式，有手写、刀刻、印刷、晒制、摄影、录音、录像等。档案的形态还会随着社会的发展而不断变化和更新。

（四）档案的性质

档案是原始的历史记录，这是档案的本质属性。档案是由形成者在各自的活动过程中直接形成的，即档案是由特定的形成者在当时当地为适应活动需要而直接形成的原始文件的转化物，所以，档案具有很强的原始性。同时，档案又是以具体内容反映形成机关或人物社会活动的历史记录，所以，档案具有很强的记录性。正是这种兼原始性和记录性于一体的特点，成为档案区别于图书、资料等其他文献资料的独有特性和根本标志。

作为人们社会实践活动原始的历史记录，档案具有最权威的真实性、可靠性。但不是说档案所记载的内容都是真实的，我们必须辩证地看待档案的可靠性问题。一方面，从档案文件的形成本身来看，档案都是真实的历史记录，即使档案内容没有真实描述某一客观事实，但文件的形成过程是真实的，即使某份文件是伪造的，这份文件本质上也就成为伪造者的伪造活动的真实记录；另一方面，从档案的内容来看，即使档案内容有虚假部分以至完全违背事实，它表达了当事人的意图，留下了当事人行为的痕迹，其档案本身也说明了某种历史事实，即成为伪造者自身行为的一种证据。对于研究伪造行为的背景和意图，对于认识和揭示某种社会历史现象，有时也是颇有利用价值的。对内容确有不真实、不可靠之处，既不能简单地将这一客观存在付之一炬，也不能用现实的观点去"改造"它，应在考证后在卷内备考表内附以必要的说明。

二、档案的种类

按照不同的标准，档案的常见分类方法有按形成时间划分、按内容性质划分、按形成领域划分以及按载体形态划分这四种。

（一）按形成时间划分——古代档案、近代档案、现代档案

古代档案是指 1840 年以前所形成的全部档案。

近代档案是指 1840 年至 1949 年 10 月 1 日中华人民共和国成立之前的各个历史时期中形成的各种内容和形式的档案。

古代档案和近代档案习惯上也称为"历史档案"。

现代档案是指 1949 年中华人民共和国成立以来党和国家的中央和地方各级机关、团体、企事业单位形成的档案，以及由国家征集和个人捐赠的某些著名人物档案。

（二）按内容性质划分——文书档案、科技档案、专门档案

文书档案亦称"普通档案"，是机关、团体、部队、企事业单位等在党务、行政管理活动中形成的档案材料。

科技档案是指人们在科技、生产和基本建设等活动中形成的、具有查考利用价值、已经归档保存的图纸、图表、文字材料、计算材料、照片、影片、录像带、磁带、光盘等各种类型和载体的科技文件材料。

专门档案是指某些部门在从事各种专门活动中形成的有保存价值的文件材料，专门档案种类繁多且具有独特的管理方法。

（三）按形成领域划分——公务档案、私人档案

公务档案是指国家机关、团体、企事业单位和其他社会组织在公务活动中形成的为社会所有的档案材料。这些档案多由各级各类档案机构保存。

私人档案是指人们在社会活动中形成的、归私人所有的档案，如日记、文稿、笔记、账单、票据、信函。这些档案在不危及国家、集体和他人利益的前提下，一般由个人自行保管和处置。

（四）按载体形态划分——纸质档案、非纸质档案

纸质档案是指以纸张为记录载体的档案，这是在相当长时期内档案馆（室）保管的主要载体形态，为我国一千多年来最基本的书写材料。

非纸质档案又称"特殊载体档案"，不仅包括纸张发明以前出现过的甲骨档案、金石档案、简牍档案、缣帛档案等古代档案，而且包括以胶磁等新型材料为载体的档案。

三、档案的作用

档案是一种社会活动的历史记录，它纵贯古今各个历史阶段，横跨各个领域，而现实社会的各个方面都是历史上社会活动的延伸，不可能脱离历史的发展而发展，因此，档案具有广泛而重要的社会作用。

（一）档案的作用与价值

档案作为历史的原始记录和凭证，在行政管理、经济建设、政治活动、科学研究和宣传教育等方面具有广泛的社会作用。

档案的价值体现在凭证价值和参考价值两个方面。档案的凭证价值，是档案不同于其他各种资料的最基本的特点。首先，从档案形成的过程及其结果来看，它是当时、当地、当事人在活动中直接形成的，客观地记录和反映了当时的历史情况，反映了人们的思想和

活动，是一种令人信服的历史证据；其次，从档案的形式特征来看，文件上保留着真切的历史标记，有当事人行为的痕迹，因此，档案具有无可置疑的权威性，成为证实国家、集体和个人合法权益的可靠文件。此外，作为原始记录的档案还具有可靠而广泛的参考作用。档案参考作用的特殊性和主要特点在于其原始性和可靠性，它比档案、图书和报刊及其他资料等更加可靠，具有更强的权威性。

（二）档案发挥作用的规律性

1. 档案作用范围的扩展律

一般而言，时间和作用范围成正比。档案在形成之初的相当一段时间内，主要是对形成者本身有用，是为形成单位工作和生产活动提供查考利用，档案发挥作用的主要对象是本单位。随着时间推移、社会的不断发展，档案在本单位的现行效用会逐渐降低，档案进入档案馆管理阶段后，利用服务的范围向社会扩展。与此同时，社会各界对这些档案的利用需要日益增强，人们不但要利用自身所形成的档案，还会涉及其他的档案，因此，档案最终成为社会的财富。

2. 档案机密程度的递减律

档案是各个机关、团体和个人在社会实践活动中形成的一种历史记录，其中一部分档案具有一定的机密性。首先，从档案的前身——文件开始，就有不同的密级区分，而文件转化为档案之后，出于各自的政治和经济等方面的利益考虑，必然有一部分档案不能公开，必须对具有机密性的档案规定一定的使用范围和开放期限。其次，档案的机密程度随着时间的推移和条件的改变而发生变化。经过若干年后，有些档案仍具有机密性，而有些档案机密程度减弱，有些则完全失去了机密性。一般来说，档案机密性的强弱与档案保存时间的长短成反比。

3. 档案作用的多元化趋势

随着社会的进步和人们对档案认识的深化，档案发挥作用的领域趋于多元化，从作用于行政管理、经济建设、文化建设和科学研究等领域，逐渐拓展到面向社会。

4. 档案发挥作用的条件性

档案作用发挥主要受到三个方面因素影响：

（1）社会经济发展水平。不同的历史时期，不同的社会经济发展水平，不同的社会制度，以及国家有关法规政策等，对于档案利用的需要和可能提供利用的程度，有很大的制约作用。目前，我国的经济发展水平有了明显的提高，因此，档案的作用较之以往得到更好的发挥。

（2）社会档案意识。人们对档案的认识水平以及社会上对档案带有普遍性的认识程度，称为"社会档案意识"。这一意识对于档案作用发挥程度的影响表现在三个方面，即档案利用需求、档案利用政策和档案服务观念。凡是对档案作用有明确认识、意识强的地方或单位，人们就能够重视档案工作，从而有意识地保管和利用档案，档案作用发挥得就较好。

（3）档案管理水平。档案管理水平的高低直接影响档案作用的发挥。一个档案馆、档案室对档案实体的管理，以至档案业务工作的水平，也会影响到档案发挥作用的程度。

因此，运用科学的原则和方法，采用先进的技术手段，提高档案的科学管理水平，是确保档案价值充分实现的重要条件。

第二节　档案工作

一、档案工作的基本内容

档案工作，是指用科学的原则和方法管理档案，为党和国家各项事业服务的工作。从广义上讲，档案工作是以档案室工作为基础，以档案馆工作为主体，以档案行政管理工作为组织和指挥中心，以档案教育、档案科研、档案宣传出版、档案国际交流等为条件的国家规模的社会主义档案事业。从狭义来讲，档案工作就是档案室、档案馆开展包括档案的收集、整理、鉴定、保管、统计、检索、利用、编研八个环节的业务工作。

档案工作各环节间有一个最基本的关系，即基础工作和利用工作。其中，档案的收集、整理、鉴定、保管、统计、检索等环节，都是为档案提供利用创造条件的，属于基础工作范畴；而利用和编研是直接发挥档案作用的，属于利用工作范畴。长期以来的档案工作实践证明，基础工作和利用工作同等重要，二者不可偏废。

二、档案工作的基本原则与组织体系

（一）档案工作基本原则

我国档案工作的基本原则，是在总结档案工作实践经验的基础上形成的，并已经过《中华人民共和国档案法》（以下简称《档案法》）的形式予以确定。档案工作的基本原则是"档案工作实行统一领导、分级管理的原则，维护档案的完整与安全，便于社会各方面的利用"。这一原则包括三部分基本思想：一是确立了档案工作的组织原则和管理体制——统一领导、分级集中地管理全国档案工作；二是提出了档案管理的最基本要求——维护档案的完整与安全；三是体现了档案工作的根本目的——便于社会各方面的利用。

（二）档案工作组织体系

在我国档案工作组织体系中，档案室、档案馆和档案行政管理部门是三大主要机构，是档案事业的主体。其中，档案室是档案事业最广泛的基层组织，是各单位的内部组织机构。档案馆是党和国家的科学文化事业机构；是集中保存和管理档案的基地；是科学研究和社会各方面利用档案史料的中心。档案行政管理部门是党和国家监督、指导和检查档案工作的行政管理机构。

我国档案馆目前主要包括：各级国家档案馆和部门档案馆。各级国家档案馆又分为综合档案馆和专门档案馆。部门档案馆是指那些中央和地方某些专业主管部门所属的、收集管理本部门及其直属单位档案的事业机构。另外，还有企业和事业单位档案馆。

随着我国改革开放的深入进行，我国档案机构的设置也出现了一些新情况，产生了一批新型档案机构，其中较为突出的是文件中心、档案寄存中心和档案整理咨询服务机构等。这些机构的建立，对推动我国档案工作的开展和探索我国档案管理的新形式正发挥着积极的作用。

正是以档案室为基础，档案馆为主体，档案行政管理部门为组织中心，档案科研、教育、宣传、外事、出版机构及新型管理机构等为条件，从而在全国范围内构成了一个结构合理、管理科学、颇具规模的档案工作组织体系。

三、档案工作的性质

档案工作的性质主要表现为三个方面，即档案工作的服务性和条件性、档案工作的政治性和机要性、档案工作的科学性和管理性。

（一）档案工作的服务性和条件性

档案工作的服务性是科学研究和社会各项工作持续发展的条件，是档案工作赖以生存和发展的基础。档案工作部门是信息服务部门之一，是通过提供档案信息为各项社会实践服务的，这是区别于其他服务性工作的主要特点。档案工作本身并不直接产生物质财富，也不直接参加具体的经济建设，但它要为物质财富的顺利创造和各项事业的正常进行提供必不可少的服务。档案工作是在为一定的经济、政治、科学、文化等事业服务中得到加强和发展的。

档案工作是为科学研究和各项工作服务的条件性工作，虽然档案工作也从事研究，但研究的是档案，并在研究的基础上进行汇编，最终还是为社会各项事业的利用需要服务的。档案工作为党政领导和各项业务建设提供了条件，起了参谋和助手的作用。

（二）档案工作的政治性和机要性

档案工作是一项政治性和机要性的工作，具体表现在以下几个方面：

首先，档案工作的服务方向是档案工作政治性的集中表现。在阶级社会中，档案工作体现着一定的阶级关系和阶级利益，历来是为一定的统治阶级所掌握，为一定的社会制度和一定的路线、政策服务的。档案工作为谁服务、如何服务始终是一个不可忽视的政治问题。在社会主义新的历史时期，提高党的执政能力和政府管理水平、维护国家安全和社会稳定、推动经济社会科学发展服务，是新形势下我国档案工作的重要任务。

其次，档案工作是一项具有机要性质的工作。档案工作的机要性是指管理机密档案的工作具有机要性，这种机要性是由档案本身的特点和国家利益所决定的。档案中有一部分涉及国家的政治、军事、经济和技术等方面的机密，因此，对机密档案要保密，古今中外都不例外。档案工作者应当树立正确的档案保密观，夸大或否定档案工作的机要性质都是错误的。

最后，档案工作的政治性还体现在维护国家历史真实面貌方面。由于档案主要产生于一定阶级的政党、国家机关和社会团体，是历史的见证，所以，在一定意义上说，档案工作就是保存历史、维护历史真实面貌的工作。

（三）档案工作的科学性和管理性

档案工作不仅为社会各界的科学研究创造条件，而且其本身也是一项科学性的工作。档案工作的科学性主要是指档案管理的科学性，即档案工作的各个业务环节，都有一套科学的工作原则和方法，而且档案工作的组织也要科学化，要运用档案学各门学科知识来管理档案；采用现代科学技术手段管理档案；运用档案工作法规管理档案。而推行档案工作标准化、实行规范管理等，都属于科学管理。同时，档案工作尤其是科技档案工作的科学性还体现在专业性要求上。科技档案工作是一项专业性很强的工作，它要求档案工作者不仅要拥有一般的档案管理理论与方法，还要求掌握较为完整的科技专业理论知识体系来处理这些专业性很强的科技档案资料。

档案工作也是一项管理性的工作。它的管理对象包括档案实体和档案信息，管理目标是开发档案信息资源为社会实践服务。而这正是档案管理工作与其他管理工作的区别。同时，档案管理还是其他各项社会管理不可缺少的组成部分，比如，人事档案工作是人事管理工作的一部分；会计档案工作是财务管理的一部分；机关档案工作则是机关日常行政管理的组成部分。

可见，档案工作的科学性与管理性具有非常紧密的联系，档案工作的科学性具体体现在档案的管理过程中，而档案工作的管理性必须建立在科学性的基础上。

第三节　现代档案的人文管理

现代档案的先进信息技术只是为档案部门解决了信息的存贮、检索、传递的问题，而没有解决人文关系的问题。因此与现代档案工作相匹配的应该是在档案部门中营造的人文气氛、倾注的人文情愫、弘扬的人文精神和提倡的人文管理。随着社会档案意识的不断增强，人们对档案信息的需求越来越强烈，从而使档案的社会公众化利用趋势越来越明显。如何应对档案利用服务的社会公众化趋势，坚持"以人为本"的人性化管理的理念，把人文关怀引进和融入档案馆的管理和服务当中，更好地发挥档案信息的服务功能，为社会提供更加良好的服务，这是档案馆在构建和谐社会当中需要研究的一个课题。

现代档案与人文管理精神应当与科学管理精神相统一。现代档案工作需要有严谨的科学管理精神，崇尚科学、尊重科学，积极研究利用各种先进的技术设备来提高现代档案的工作效率，更好地为利用者服务。人文管理精神则表现在现代档案工作实践和理论研究中以人为本的思想，来满足人的需要，实现人的价值，追求人的发展，体现人文关怀。现代科学技术在档案工作中的普及应用，使档案办公自动化的程度越来越高，计算机的输入代替了独立的手工操作，网络数据库系统使检索档案信息变得十分敏捷，先进的信息存贮技术使网络信息的获得突破了时空的局限，然而这时的人文意识尤其重要。当然离开了科学意识的人文精神不是真正意义上的人文意识，而离开了人文意识的科学意识也不能促进现代档案管理的发展。因此现代档案管理应当是科学意识与人文意识的融合。

人文管理是一种管理思想、管理理念、管理理论，是人类管理智慧的结晶，是科学管理发展到一定程度后产生的一种更先进、更现代化的管理手段和方法。它是建立在科学管理基础之上的，是对科学管理的修正和补充。它把理解人、关心人、爱护人作为管理者最根本的使命。

现代档案的人文管理具有双重性内涵：作为服务客体的用户管理和作为服务主体的馆员的管理，是围绕人的行为和需求进行管理的模式。以往档案的人文管理主要注重于服务客体用者的层面，认为人文精神、人文关怀、人文管理仅是面向利用者，以利用者为中心，而忽略了人文管理的另一个层面，即作为服务主体的档案工作人员。随着档案部门的功能由单纯的收藏转向信息开发与服务，档案工作人员在档案馆服务中扮演越来越重要的角色。为了适应以数字化、网络化、智能化为特点的档案馆管理和服务，优秀的管理者将成为现代档案馆最重要的资源和首要财富。

一、档案工作人员层面的管理内涵

档案工作人员是知识的载体，是档案部门信息库的建造者、维护者和发掘者，是信息资源与利用者之间的桥梁和纽带，是档案部门内在发展的动力。因此档案部门在自我管理中首先要重视对馆员的人文管理，具体表现为：

重视不同层次档案工作人员的不同需求。利用个体差异，因势利导，充分发挥每个人的潜力。美国心理学家马斯洛把人的需求按其重要性和发生的前后次序分成五个层次：生理上的需要、安全上的需要、情感和归宿上的需要、地位和受人尊重的需要、自我实现的需要。档案部门在自我管理中要全面了解档案工作人员的不同需求层次和愿望的满足程度。

充分信任并尊重档案工作人员。为他们在岗位上提供充分发挥才干的空间，相信他们的人品、人格，相信他们对工作的责任心和工作能力。尊重档案工作人员的劳动，避免由于人为因素而导致的重复劳动。规章制度的制定要人性化，体现人文管理精神。

激发档案工作人员的主人翁意识。根据档案工作人员的不同需求在了解、信任和尊重的基础上，适当地给予激励和引导，促使档案工作人员的需求向更高层次发展。要做到奖惩分明，达到从政策上的激励和思想上的引导相结合，强化档案工作人员的主人翁意识。

二、利用者层面的管理内涵

档案部门应当在规章制度、服务方式、借阅利用的氛围等方面融入人文关怀理念，具体表现为：树立"利用者第一"的观念。现代档案利用者始终处于中心地位，利用者的需求是档案部门组织一切工作的源头，档案部门能否吸引利用者是衡量其工作优劣的主要标准。因此，档案部门要在管理人员中弘扬甘为人梯、默默奉献的精神，要增强他们的紧迫感和竞争意识，要在利用者面前树立良好的形象，千方百计提高利用者对档案馆的选择力，使利用者愿意接受档案部门的影响，选择档案的信息服务。

要采取各种措施加强档案馆与利用者之间的联系和沟通，建立管理人员与各部门之间的联系，让利用者参与档案馆的管理。要练好内功、自加压力，接受利用者的监督。利用者对档案部门的满意与否，包括对档案部门的管理方式、馆藏结构、服务质量三个方面的满意度。这就要求档案部门能为利用者提供优雅、洁净的借阅环境，高质量的馆藏，齐全的服务项目，热情主动的服务态度，精湛的服务技艺，以提高利用者的满意度。发扬人文精神，提倡人文管理是社会发展的需要。社会的现代化是以人的现代化为首要条件，社会进步应以提高人的认识和实践能力为目标，人的发展是社会向现代化发展的基本动力和根本目的。因此，在为人服务的同时，人文管理尤其重要。应当意识到，在发扬人文精神，为人服务的同时，人的自身价值也得到更多的体现。档案工作人员为利用者提供的服务技术含量越高，质量越好，就越能受到利用者的尊重和关注，这正体现了人文管理的双重性。

人文管理是实现现代档案部门自身价值的需要。长期以来档案部门担负着保护人类社会实践所产生的一切有价值的文件、材料，开展社会教育、传递科学信息，具有凭证作用等主要社会职能，但随着社会发展变化，教育职能和信息咨询服务的职能进一步强化。新的职能把利用者能否得到全面的个性服务摆到更重要的位置，同时也对档案工作人员的整体素质和职业道德提出了更高的要求。档案部门从提倡人文精神，开展人文关怀到实现人文管理是信息时代档案馆管理工作的进一步发展。档案部门把人类根本价值的实现作为自身价值的源泉和基地，无论档案部门的管理方式和技术手段发展到多么先进的程度，它的价值观始终不变，它的以人为本的管理模式也不会改变。

第二章　档案收集、整理和鉴定

第一节　档案收集

　　档案收集就是按照档案形成的规律，把分散的材料接收、征集、集中起来。按照规定，通过例行的接收制度和专门的征集方法，把分散在各机关、部门、个人手中和散失在社会上的档案，集中到机关档案室和国家档案馆进行科学管理的一项业务环节。档案的收集工作可以分为两大部分：第一，对于单位的档案室来说，主要是按期接收归档的文件和进行必要的零散文件的收集；第二，对于各级各类档案馆来说，主要是接收档案室移交的档案、接收撤销机关档案和征集历史档案。收集工作是档案部门取得档案的手段，也是它们开展其他业务活动的前提。

一、档案收集工作的内容

　　档案收集是接收、征集档案和有关文献的活动。具体讲，就是按照党和国家的规定，通过例行的接收制度和专门的征集办法，将分散在各机关、组织、个人手中和散落在社会其他地方的档案，有组织、有计划地分别集中到各有关机关档案部门，实现档案的统一领导和分级管理。

　　档案收集工作的内容主要有以下三个方面：

　　（1）机关、企业、事业单位档案室对本单位需要归档档案的接收。

　　（2）档案馆对所辖区域内现行机关、企业、事业单位和撤销单位的具有永久、长期保存价值档案的接收。

　　（3）对中华人民共和国成立以前各个历史时期形成的档案的接收和征集。

　　档案收集工作不是一项简单的事务性工作，而是一项政策性、业务性很强的工作。一方面档案收集工作是具有明显的选择性。文件转化为档案是有条件的，在档案收集工作中必须严格把握这些文件，在归档和接收过程中认真筛选。档案选择是按照档案部门收藏范围的设计合理并全面进行的。另一方面，档案收集工作受档案形成者档案意识水平、价值观以及档案部门保管条件等多种因素的制约，需要综合研究、统筹规划，提高档案收集工作的质量。

二、档案收集工作的地位

档案收集工作在整个档案管理中处于一种特殊地位，做好此项工作对整个档案管理工作具有重要意义：第一，档案收集工作是档案馆、档案室取得和积累档案的一种手段，它为档案工作提供了实际的物质对象，是档案业务工作的起点。第二，档案收集工作是实现档案集中统一管理的重要内容和一项重要的具体措施。第三，档案收集工作质量的高低，会直接影响到档案业务工作的其他环节的工作质量。第四，档案收集工作是档案部门与外界各方面发生联系的重要环节之一，这是一项政策性强、接触面广，工作要求较高的工作。

三、档案收集的基本形式

档案馆（室）取得和积累档案及有关资料的一项工作，是档案管理工作的重要环节。其手段主要有接收、征集和寄存三种形式。

按照法定的原则、程序和规定的制度移交和接收档案，是档案馆和档案室补充档案资源的最基本形式。其基本内容包括两个方面：①各级国家机关和各种社会组织的档案室，按照规定接收本机关业务部门和文书处理部门办理完毕移交归档的文件；②各级各类档案馆依据国家法律和有关规定接收现行机关和撤销机关的档案。接收的范围和要求：①档案室接收本机关工作活动中形成的具有保存价值的各种门类和载体的档案，包括科学技术档案、会计档案等各种专门档案，录音带、录像带、照片等各种特殊载体的档案；②各级档案馆接收本级各机关、团体及其所属单位具有长远保存价值的档案，以及与档案有关的资料。各个国家对于档案馆保管接收档案的范围不尽相同，有些国家的档案馆只接收具有永久保存价值的档案，有的也接收定期保管的档案。中国省以上档案馆接收具有永久保存价值的、在立档单位保管已满20年左右的档案，省辖市（州）和县级档案馆接收永久和长期保管的、在立档单位保管已满10年左右的档案；③档案室和档案馆正常接收的档案，要求齐全并按规定整理好，进馆档案应遵循全宗和全宗群不可分散的原则，保持原有全宗的完整性及相关全宗的联系性。

征集流散在各机关、各部门、个人与国外的有价值的各种历史档案和相关资料，是档案馆收集工作中必不可少的补充手段，分为非强制性的和强制性的两种。一般在协商的基础上，采取复制、交换、捐赠、有偿转让等方式，将档案集中到档案馆；在特殊情况下，集体和个人所有的对国家和社会具有保存价值的或需保密的档案，当其保管条件恶劣或者由于其他原因被认为可能导致档案严重损毁和不安全时，国家可将其收购或征购入馆，也可代为保管。

寄存一般是通过协议的形式将档案存放到档案馆。寄存档案的单位或个人不失其所有权，并享有优先使用权以及能否准许其他人利用的决定权。已保存在博物馆、图书馆、纪念馆等单位的，同时也是档案的文物或图书资料等，一般由其自行管理。

四、档案收集的制度

（1）档案收集包括档案的接收、征集以及网络数据采集等方式。

（2）档案材料收集范围：凡是对全区各项事业发展有参考利用价值的各类原始材料都属于档案收集范围。

（3）任何个人都不得以任何理由拒绝向区档案馆归档移交有价值的档案材料。

（4）档案材料收集应该形成定期送交制度和联系催要制度。

①定期送交制度

形成档案材料的各职能部门，应在文件材料办理完毕的第二年，按照区档案馆所要求的归档时间、归档质量的要求，归档移交到区档案馆。

②联系催要制度

区档案馆工作人员应经常了解和掌握形成档案材料的信息，及时向形成材料的部门催收应归档的材料。

（5）收集材料的要求。

①收集进档案室的材料必须是办理完毕的原始材料（原件），要完整齐全、真实、文字清楚。

②不符合归档要求的档案材料，档案馆将责成档案材料形成的相关职能部门按要求完成。归档材料统一使用A4（80G）规格的办公用纸（专业特殊要求的除外）。只能用碳素墨水、蓝黑、黑色墨水书写。禁止使用纯蓝、红色墨水、圆珠笔、铅笔书写。禁止色带打印、墨水打印材料归档；禁止传真形成材料归档。

③材料必须齐全、完整。各部门完成的当年工作职责应该有相应材料佐证。包括录音、录像、照片、幻灯片、图片、表格及文字材料。整件事情形成的成套材料必须配齐，保持文件材料之间的逻辑联系。

第二节　档案整理

档案馆（室）对收集来的档案分门别类组成有序体系的一项业务，是档案管理中的一项基础工作。并对档案进行区分全宗、分类、立卷、编制案卷目录等一系列的活动。这项工作的目的是建立档案实体的管理秩序，为档案鉴定、保管、检索、利用、编纂等工作奠定基础。

一、档案整理工作的内容

档案整理工作包括区分全宗、全宗内档案的分类、立卷（组卷、卷内文件的排列和编号、填写卷内目录和备考表、拟写案卷标题、填写案卷封面）、案卷排列和编号、编制案卷目录等业务环节。

按照我国文书工作和档案工作的管理体制与分工，档案整理工作是分阶段进行的。其中，全宗内档案的分类、立卷、案卷排列和编制案卷目录等业务环节，一般由文书部门或文书人员承担，即文书立卷；归档案卷的统一编号和排列由档案室承担；全宗的划分和排列多由档案馆承担。在某些特殊情况下，如当档案室（馆）接收到整理质量不佳或基本未经整理的零散档案时，就需要对档案进行局部的或全部程序的整理。

（一）系统排列和编制案卷目录

这种情况是指档案室对接收的已经立卷归档的案卷，按照本单位档案的分类和排列规则，进行统一的分类、排列和编号，使新接收的案卷同已入库保存的档案构成一个整体。

（二）局部调整

这种情况是指对已经接收进档案部门的部分质量不合格的案卷所做的局部改动和调整工作。

（三）全过程整理

这种情况是指档案部门对于接收到的零散文件所进行的从区分全宗到编制案卷目录的全部整理工作。

二、档案整理工作的原则

档案整理工作的原则是：保持文件之间的历史联系；充分尊重和利用原有的整理成果；便于保管和利用。

（一）保持文件之间的历史联系

保持文件之间的历史联系，是档案整理工作的根本性原则。文件之间的历史联系是文件在产生和处理过程中所形成的内部相互关系，也被称为文件的"内在联系""有机系"。在档案整理工作中保持文件之间的历史联系，其目的在于使档案客观地反映形成者的历史面貌。文件之间的历史联系主要表现为以下四个方面。

1. 文件在来源上的联系

文件的来源一般是指形成档案的社会组织或个人。同属于一个形成者或同类型形成的文件在来源上有着密切的联系。例如：××物业公司的收文、发文和内部文件，属于一个形成者，具有来源上的密切联系。

因为不同来源的文件反映不同形成者历史活动的面貌，所以整理档案时必须首先保证文件在来源上的联系，也就是说，档案不能脱离其形成单位；同时，不同来源的档案也能混淆在一起。

2. 文件在内容上的联系

文件的内容一般是指其所涉及的具体事务或问题；同一个事务、同一项活动、同一个问题所形成的文件之间必然具有密切的联系。整理档案时，保持文件之间在内容上的联系，有利于完整地反映其形成者各种活动的来龙去脉和基本情况，也便于查找利用。

3. 文件在时间上的联系

文件的时间一般是指其形成的时间。整理档案时，保持文件之间在时间上的联系，有利于体现其形成者活动的阶段性、连续性和完整性。

4. 文件在形式上的联系

文件的形式一般是指其载体、文种、表达方式以及特定的标记等因素。不同形式的文件往往具有不同的作用、特点和管理要求。整理档案时，保持文件在形式上的联系，有利于揭示文件的特殊价值，便于档案的保管和利用。

（二）充分尊重和利用原有的整理成果

充分尊重和利用原有的整理成果是指后继的档案管理者要善于分析、理解和继承前人对档案的整理成果，不要轻易地予以否定或抛弃。在整理档案时充分尊重和利用原有的整理成果，应该做到：第一，在原有整理成果基本可用的情况下，要维持档案原有的秩序状态。第二，如果某些局部整理结果明显不合理，可以在原来的整理框架内进行局部调整。第三，如果原有的整理基础的确很差，无法实行有效管理，可以进行重新整理。但是，重新整理时应该尽可能保留或利用原有基础中的可取之处。

（三）便于保管和利用

整理档案时，一般情况下，保持文件之间的历史联系与便于保管和利用之间是一致的。但是，在某些特殊的情况下，二者之间可能会发生一定的矛盾。例如：产生于同一个会议的档案，有纸质文件、照片、录像材料，甚至还有电子文件等，它们的保管要求各不相同，在整理时就需要综合考虑各种因素，在保持文件之间历史联系的前提下，采取分别整理的方法，以利于档案的保管和利用。

三、全宗

（一）全宗的概念

全宗是一个国家机构、社会组织或个人在社会活动中形成的具有有机联系的档案整体。一个全宗，反映了一个单位或个人活动的全过程。同时，全宗也是档案馆（室）对档案进行科学管理的基本单位。

（二）立档单位及其构成条件

立档单位，就是全宗构成者。社会上每一个独立的单位或个人，在行使其职能活动的过程中势必会形成一定的档案，这个单位或个人的所有档案之间具有一定的联系，这样一个档案整体为全宗，而形成这些档案整体的单位或个人，就称为"全宗构成者"，又称"立档单位"。

全宗按其形成的单位和内容性质，可以分为组织全宗和人物全宗，相应形成全宗的立档单位也有两类，即机关、团体、企事业单位和个人。

1. 组织全宗

由于各单位的实际情况相对比较复杂，判定哪些单位是立档单位，哪些单位的档案能够构成一个独立全宗，其主要是看这几个条件：可以独立地行使职权，并能主要以自己的名义对外单独行文；有专门的管理人事的机构或人员，并有一定的人事任免权；有独立的预决算，有单独管理财务的机构或会计人员。这三个条件是相互联系、相互制约的。在实际应用时，应以判定能否独立行使职权为中心，全面地分析研究有关单位职权的法规性、领导性文件和实际活动，合理判定立档单位。

2. 人物全宗

又称"个人全宗"。一般是指对社会有突出贡献或重要影响的个人在其一生活动中形成的档案整体。历史上一些著名的家庭、家族所形成的档案，也属于人物全宗的类型，形成人物全宗的个人、家庭、家族，也是立档单位。

个人全宗内的文件材料应包括：该个人自己形成的有关文件材料，如著作的原稿、手稿、书信、日记、笔记、遗书、遗嘱；有关人士撰写与收集的与该个人有关的文件材料，如回忆录的手稿与印本，该个人的录音带、录像带、照片、签字材料；该个人的亲属，特别是直系亲属形成的，能够说明立档单位历史情况的文件材料。

这些人物大多在某个单位担任过一定的职务，在具体处理个人档案与公务档案的归属时，要慎重处理，应分清各自的重点，尽可能避免两种档案的交叉。个人在从事各种公务活动中所形成的文件材料，一般不应收入人物全宗，而应当作为有关组织全宗的一个组成部分。

（三）全宗的补充形式

全宗主要分为常规全宗和特殊全宗两种类型。常规全宗即一般情况下的独立全宗。在难以区分或不便区分独立全宗的情况下，则采取全宗的特殊形式，即补充形式。全宗的特殊形式主要分为联合全宗、全宗汇集和档案汇集三种。其中，独立全宗只有一个立档单位，是大量存在的，而全宗的补充形式一般都有两个以上立档单位。

1. 联合全宗

在某些特殊情况下，若干互有联系的独立单位形成的档案，因难以区分而作为一个全宗统一管理，这就是联合全宗。它通常在以下两种情况下出现：一是前后有密切继承关系的机关，由于工作联系紧密，各自形成的文件已经混杂在一起，成为档案"连体"，难以分开；二是合署办公或职能联系紧密的单位，彼此的文件混杂在一起，无法区分。在这两种情况下，可以把这两个或两个以上立档单位形成的档案组合为一个全宗进行管理。联合全宗虽然是由两个以上立档单位形成的，但它们的档案则被看作同一个全宗内的档案，编一个全宗号，按一个全宗整理和保管，全宗名称应列出联合的立档单位名称。

2．全宗汇集

全宗汇集又称汇集全宗，是指若干个性质相近、档案数量极少的独立全宗，因管理不便而按一定特征组合起来的管理形式，具体有两种形式：一种是档案馆接收的若干基层单位的全宗，由于形成档案数量不多，而组合在一起的集合体；一种是由于一些全宗内的档案残缺不全且数量少，从而构成的小全宗集合体，如历史档案。在具体采用这种形式时必须注意，由于全宗汇集是一种人为的行为，所以立档单位的工作性质必须是相近的或具有某种历史联系；汇集全宗在管理中虽然作为一个全宗对待，只给一个全宗号，但内部的档案分类及排列，必须按不同的立档单位相互区别开，不能混淆，便于以后发现其中某一全宗的大量档案时，可以从全宗汇集中分离出来，建立单独全宗。全宗名称可以用一个概括性的名称。

3．档案汇集

档案汇集，是由若干所属全宗不明的，或所属全宗不复存在的零散的档案汇集而成的一种全宗补充形式。档案汇集的形成原因是档案不知所属全宗，但只要考证出档案所属全宗，就随时可以将该份档案文件回归所属全宗。

全宗的补充形式具有较大的人为性，在实际工作中不能随意乱用，只有在不能使用独立全宗的管理模式时才使用。但是，一经采用，就必须在管理上与其他全宗同等看待，即编一个全宗号、统一排列、统一管理。

（四）立档单位变化对全宗划分的影响

1．政权更迭的全宗处理

不同政权中的政权机关，虽社会职能相同或相近，但因所属政权性质不同，档案应构成不同全宗。

新中国成立前后存在的政治性质不明显的立档单位，其档案一般构成一个全宗，但可分为两个不同部分进行管理。

党派、政党、社团和宗教组织在各个历史时期，其宗旨和组织成分没有发生根本性变化，其档案应构成一个全宗。

新中国成立前后存在的政治色彩较强的立档单位，如警官学校、军事院校、干部学校，其档案一般应分别构成不同的全宗。

个人全宗，无论是否跨政权存在，政治立场、信仰、职业是否有重大变化，其档案均应构成一个全宗。

需要说明的是，企业档案的全宗划分受政治和政权影响相对较小。

2.立档单位基本职能变化的全宗处理

（1）基本职能的根本性变化

基本职能的根本性变化一般表现为下列四种情况。

第一，在一个撤销单位的基础上新成立的立档单位。凡是新成立的并具有一定独立性的立档单位，就构成新的独立全宗。因为一个新的单位，有新的职责与任务，从成立之日起，形成的档案就成为一个新的全宗，而被撤销单位的全部档案也是一个全宗。

第二，几个立档单位合并或兼并。两个或两个以上的立档单位，合并为一个新的独立单位，合并前各单位应构成各自的全宗，在合并后，原全宗结束，合并后的单位所形成的档案成立一个新的全宗。如果是由其中一个立档单位兼并另外几个单位，则被兼并的几个单位原先档案仍然构成各自全宗，而兼并的立档单位兼并前后的档案同属一个全宗。

第三，立档单位分立。一个立档单位撤销后，被分立成两个或两个以上的立档单位，被撤销的单位，原全宗内档案到撤销之日为止构成一个全宗，所分离的若干个小的独立单位，分别开始形成各自的新全宗。目前这种分立的情况比较普遍。

第四，内部机构独立或并入。原是一个立档单位的内部机构，从立档单位内部脱离出来，成为一个新的独立单位。它在独立之前所形成的档案，仍属于原立档单位全宗的一部分，独立之后所形成的档案构成新的全宗。如果一个立档单位的内部机构，因故并入一个新的立档单位，那么，并入前的档案是原立档单位全宗的一部分，而并入后的档案成为新的立档单位全宗的一部分。

（2）基本职能的非根本性变化

立档单位名称变更、地址变迁、职权范围的扩大或缩小、隶属关系的改变、内部机构的调整等变化，以及由于某种原因暂时停止工作一段时间等。这些均属于非根本性变化，对全宗划分不产生影响，一般不构成新的全宗。

3.临时性机构的全宗处理

按照国家有关规定，临时性机构一般不建立单独全宗，其档案应纳入主管单位档案全宗统一管理。但如果该临时性机构存在时间较长、产生档案数量较多、档案内容比较重要，也可根据实际情况，构成独立全宗。

以上是当立档单位发生变化时，划分全宗必须掌握的一般原则和方法，在实际工作中，情况要复杂得多，必须以全宗理论为依据，对每个立档单位的变化情况进行具体分析，才能正确区分和处理全宗的划分问题。

（五）立档单位与全宗历史考证

立档单位与全宗历史考证，是一种对立档单位及其档案基本情况进行反映和说明的文字材料。一般由"立档单位沿革"和"全宗状况"两部分组成。

1.立档单位沿革

立档单位沿革一般包括：立档单位成立的时间和原因，立档单位的名称及变化；立档单位的基本性质、职能、职权范围，隶属关系及变化；立档单位的主要活动情况，如活动地点、内容；历届主要领导人及内部组织机构主要负责人的姓名与任期、内部机构设置及演变；文书工作制度及其变化情况，文书工作中使用的各种公章及文书处理戳记等；立档单位撤销的时间、原因，继承或兼并单位的名称。

2.全宗状况

（1）全宗现状

全宗现状包括档案的来源、内容和载体的概况，档案的数量及所属的年代，档案的利用价值，进馆后档案的整理鉴定、利用情况等。

（2）全宗的历史状况

全宗的历史状况包括档案进馆（室）前的保管单位和保管条件，档案馆（室）接收档案的时间和原因，该全宗档案过去是否经过整理、鉴定，档案是否曾受损或被销毁等。

这些内容以文字表述为主，必要时可采用图表结合文字的方式，如领导人姓名一览表、内部组织机构设置与关系图。立档单位和全宗历史考证，一般由档案室负责撰写，整理过程中不断修改补充，全宗整理结束后，存入"全宗卷"内，在档案移交档案馆时一同移交。

第三节　档案鉴定

一、档案鉴定的内容

档案鉴定工作包括档案的价值鉴定和档案的真伪鉴定两个方面的内容。目前，档案界所称的档案鉴定主要是指档案的价值鉴定。档案价值鉴定工作就是各个档案机构按照一定的原则、标准和方法来鉴别和判定档案的价值，确定档案的保管期限，并据此销毁失去保存价值的档案的工作。

档案价值鉴定工作的内容主要包括：制订鉴定档案价值的有关标准；具体判定归档文件的价值，确定其保管期限；审查保管期届满的档案，对确无保存价值的档案予以销毁；定期开展档案开放鉴定。

二、档案鉴定的原则、标准

档案鉴定必须从国家和人民的整体利益出发，用全面的、历史的、发展的观点判定档案的价值。

同时，为保证鉴定工作的客观、可靠，必须建立明确的档案价值鉴定标准。档案鉴定的标准主要有来源、内容、相对价值和形式特征等几个方面。来源标准是指档案的形成者在社会上以及机关内的地位、作用和职能可能影响甚至决定档案的价值。档案内容是决定档案价值最重要的因素。内容标准主要是指档案内容的重要性、独特性和时效性。档案的相对价值标准，主要依据所存档案的完整程度、档案内容的可替代程度和各全宗之间档案的重复程度三个方面去判定。档案的形式特征是指文件的名称、文本、可靠程度、外形特点等，这些特征在某种程度会影响到档案的保存价值。

总之，档案的价值是由各个因素决定的，必须根据每份或每组档案的具体情况，从档案的内容入手，综合考察分析其来源、时间、形式等因素，全面判定档案的价值。

三、档案鉴定方法

鉴定档案价值的基本方法是直接、具体地审查档案，通常把这种方法称为直接鉴定法。直接鉴定法要求档案鉴定人员逐件逐页审查档案材料，从它的内容、作者、名称、可靠程度等方面，全面考察分析确定其价值。

直接鉴定一般以案卷为基本单位进行，比如，一个案卷内存有不同保存价值的文件，而文件之间又有密不可分的联系，则以其中最重要的文件价值来确定保管期限，一般以不拆卷或个别拆卷的办法来处理。

四、档案鉴定工作程序

（一）归档鉴定

首先，由文书部门或业务部门在档案室指导下，制定本单位的《文件材料归档范围和保管期限表》。之后，剔除没有保存价值的不归档文件，再按照《保管期限表》对归档文件确定保管期限。

（二）档案室的鉴定工作

档案室的鉴定工作一般包括：对归档材料的初始鉴定的结果进行质量监控，检查所定的保管期限是否准确，对不符要求的做局部调整。同时，对保管期限届满的档案进行复查鉴定，重新审定其是否需要继续保存，对其中仍有保存价值的档案，重新划定保管期限，对于失去保存价值的档案，剔除并按规定销毁。

（三）档案馆的鉴定工作

档案馆的鉴定工作一般包括：对进馆档案的保存价值、整理质量和保护状况进行检查；对封闭期已满的档案进行开放和划控鉴定；对馆藏档案开展定级鉴定；对保存期满的档案做复查鉴定以确定存毁。

五、档案销毁

档案销毁是将已失去保存价值的档案材料以特定的处理方式改变正常的物理载体形式，从而使其所携带的信息无法被还原的过程。

（一）档案销毁清册

凡需销毁的档案，必须编制销毁清册。销毁清册是准备剔除销毁的档案的登记簿，也是日后查考档案销毁情况的凭据。

档案销毁清册封面上的项目有：全宗号、全宗名称、立档单位名称、编制档案销毁清册单位名称和编制时间等。

销毁档案登记栏是档案销毁清册的主要部分，其主要项目有：序号、案卷或文件题名、起止日期、号码（案卷目录号、案卷号或文件字号）、数量、销毁原因、备考等。具体项目可以根据具体情况进行增减。一般以案卷为单位登记，必要时，也可以按文件登记。

档案销毁清册应以全宗为单位编制，每一清册至少应一式两份，一份留档案馆（室），一份送有关领导审查批准，如果要报档案行政管理部门备案，则需一式三份。

（二）档案销毁审批制度

鉴定需要销毁的档案，应当编制销毁清册，办理批准手续。各单位需要销毁的档案，须经单位审核批准后施行；档案馆需要销毁的档案，须经鉴定委员会审核，报主管领导部门批准后施行；销毁1949年以前形成的档案，须经单位领导人或鉴定委员会审核，并同时报国家档案局批准。经办理审批手续后，须对需要销毁的档案检查准确无误后方可实施。

（三）档案销毁方式

档案可以送到指定造纸厂化成纸浆，这是销毁大批量纸质档案最为常用的一种方式；数量少而又具有机密性的档案应当先用碎纸机打碎再作处理；以磁带、磁盘、光盘等为载体的档案，可以采用物理删除、格式化或焚烧等方式销毁。无论采取何种方式进行销毁，都必须严格坚持两人以上监销的原则。监销结束，监销人员须在销毁清册上签字，并注明"已销毁"字样和销毁方式、销毁日期。已经销毁的科技档案，应在目录上注销，并对排列顺序进行相应调整。

第三章　档案保管和统计

第一节　档案保管工作

一、档案保管工作含义与内容

档案保管工作，是指根据档案的成分和状况，对存入库房的档案进行的日常管理和安全防护工作。档案保管工作的内容主要包括三个方面。

（一）档案库房管理

档案库房管理，即库房内对档案进行科学管理的日常工作，包括配置适宜安全保存档案的专门库房；档案库房与装具编号；档案排架存放；库房内温湿度控制与调节；防盗、防火、防尘、防有害气体等必要措施。

（二）档案流动过程中的保护

档案流动过程中的保护，即档案在各个管理环节中的安全防护，指从档案接收搬运开始，在整理、鉴定、利用和编研等工作过程中的保护。

（三）保护档案的专门措施

保护档案的专门措施，即为延长档案寿命而采取的各种专门技术措施，主要包括复制、修裱、消毒、灭菌等措施，目的是延长档案寿命，便于档案长期保存和利用。

二、档案保管的基本物质条件

（一）档案库房

档案库房是档案保护的首要条件，是保存档案的最基本物质条件，各级各类档案馆（室）必须有适宜的保管档案的库房。作为中小型档案室，其用房一般由档案库房、档案阅览用房和档案人员办公用房组成。

（二）档案装具

档案装具主要有档案架、档案柜、档案箱三种。目前的档案装具中，活动式密集架在有效利用库房空间、坚固、密闭等方面具有较好的性能，其库容量比常规装具可提高 80%以上。因此，密集架不失为现有最经济实用的档案存放设施，使用密集架是在荷载允许的条件下提高库容量、解决库房不足的有效途径。

（三）档案包装材料

目前，我国包装纸质档案的基本材料主要为卷皮、卷盒和包装纸三种，要求符合国家的有关规定，以利于档案安全保管。

根据国家档案局推广应用无酸卷皮（盒）的通知要求，2001 年起上海地区的归档卷均统一使用无酸卷皮（盒），这是档案保管工作标准化的一个措施。

（四）档案保管设备

档案保管设备主要是指在档案保管和保护中使用的机械、器具、仪器、仪表等技术设备。用于档案保管的技术设备种类很多，主要有：去湿机、加湿器、空调、通风设备、温湿度控制仪、防火及防盗装置、灭火器、电视监控设备等。

三、档案的存放与排列

（一）档案的存放方式

在将档案放入档案架柜时，档案的存放方式一般有竖放和平放两种。大多数的档案馆（室）采用竖放方式，平放比较适宜保管珍贵档案以及卷皮质软、幅面过大、不宜竖放的档案。

另外，科技档案尤其是底图和蓝图类档案的存放方式选择更加要注意。底图应在特殊的底图柜中存放，其存放方式有两种：平放和卷放。平放方法能保证底图的平整，取放方便，但占用空间大；卷放方法能够节约空间，但取放不方便，容易造成底图的磨损。这种方法适用于特大特长幅面底图的存放。底图禁止折叠存放，以免出现折痕，影响图面的清晰度和准确度，并缩短其保管寿命。为保护底图不被撕破，可用胶纸通过压力机将底图四边包上。

蓝图纸张的机械性能比底图好，可以折叠。蓝图的折叠有一定的要求：一般以四号图纸幅面大小进行折叠，左面要留出装订线；折叠的图纸要向图纸正面以手风琴式方法折叠，不宜反折或卷筒式折叠；图纸的标题栏应露在右下角外面，以便查阅。折叠后的蓝图，若是不常查阅的，可以装订成册。不管是否装订，蓝图上所有的金属针都应去掉，以防生锈。折叠后的蓝图，存放在盒子里比较合适。蓝图柜可用一般的公文柜，在库房条件好的情况下，也可以用档案架。

（二）档案存放次序的管理

档案存放次序是指档案在库房及装具中的存放次序，目的是避免存放次序上的错乱，主要有两种方法。

1. 档案存放位置索引

档案存放位置索引是以表册或卡片的形式如实记录和反映档案在库房及装具中的存放次序情况。主要作用是便于档案人员迅速调归档案和其他日常管理，更有助于新手掌握情况，一般有两种编制方法。

（1）以全宗为单位编制的档案存放位置索引指明各个全宗的档案分别存放的具体库房和装具方位，参见表3-1。

表3-1　以全宗为单位编制的档案存放位置索引表

全宗名称：全宗号：							
案卷目录号	案卷目录名称	目录中案卷起止编号	存放位置				
			楼	层	房间	柜架(列)	柜架	层、格、箱

（2）以库房和装具为单位编制的档案存放位置索引说明各个库房和装具存放档案的具体情况，参见表 3-2。

表3-2　以库房及装具为单位编制的档案存放位置索引表

楼：层：房间：							
柜架（列）	柜架	层（格、箱）	存放档案				
			全宗号	全宗名称	案卷目录号	案卷目录名称	起止卷号

一般来说，档案存放位置索引比较适合于档案馆和存有多个全宗的档案室。特别是第二种样式，可采用大型图表形式张贴或悬挂在库房入口，便于随时参阅。

2. 档案代理卡

档案代理卡又称"代卷卡"，是档案保管人员编制和使用的一种专门指明案卷去向的卡片。档案代理卡既可以有效防止档案放错位置的现象，又可作为档案人员统计、分析档案利用情况的数据，见表 3-3。

表3-3 档案代理卡

全宗号	目录号	卷号	调出时间	移往何处		库房管理人员签字（移出）	归还日期	库房管理人员签字（收回）
				单位名称	经手人签名			

（三）全宗卷

全宗卷是档案馆（室）在管理某一全宗过程中形成的、能够记录和说明该全宗立档单位及档案历史和现状的有关文件材料所组成的专门案卷，是管理全宗档案的重要工具。每个全宗都应建立全宗卷，各个档案馆（室）都必须将建立全宗卷作为一项基本的工作制度。

1.内容构成

档案馆（室）应以全宗为单位编制全宗卷。根据《全宗卷规范》（DA/T 12-2012）的规定，全宗卷的内容构成包括：

（1）全宗（馆藏）介绍方面的材料：全宗指南（全宗介绍）、大事记等说明全宗背景和档案状况的文件材料。

（2）档案收集工作中的材料：档案接收和征集工作的办法、标准，档案（资料）交接文据及相关目录，档案来源和档案历史转移过程说明材料等。

（3）档案整理工作中的材料：文件材料分类、保管期限和归档范围的规定，档案整理工作方案、整理工作说明和小结等。

（4）档案鉴定工作中的材料：档案保管期限鉴定、档案开放鉴定、档案分级鉴定、档案销毁鉴定、珍贵档案考证鉴定等鉴定工作的制度、组织、方案和标准，鉴定工作形成的报告、请示及批复，鉴定及销毁处置档案的目录（清册）等。

（5）档案保管工作中的材料：档案保管工作制度，档案安全检查、档案破损情况调查与修复（抢救）、重点档案保护、珍贵档案仿真复制件制作等工作的记录和说明材料，档案保管状况分析和工作总结、报告等。

（6）档案统计工作中的材料：档案基础统计台账，档案工作基本情况统计报表，档案工作统计分析材料等。

（7）档案利用工作中的材料：档案利用制度，检索工具编制情况，档案开放与控制情况，档案编研与出版情况，档案展览与公布情况，珍贵档案介绍，档案利用效果典型事例等。

（8）新技术应用中的材料：应用现代技术管理档案的情况记录、工作报告及说明材料，档案信息化和数字化工作情况，电子档案（文件）创建和应用环境（硬件和软件）及数据格式说明等。

（9）综合全宗卷：管理馆藏、全宗属类、全宗群或联合全宗的综合性业务工作规范和管理制度，以及上述材料中涉及多个全宗的文件材料。

2．全宗卷的整理

全宗卷内文件材料是随着全宗管理的延续而逐渐增加的，必须注重平时积累，将全宗日常管理中产生的材料随时归入卷夹内，当材料积累到一定数量后进行整理组卷。

全宗卷内文件材料按"问题—时间"的方法进行系统排列。先将所有材料分成全宗介绍、立档单位大事记和有关档案收集、整理、鉴定、保管、统计、利用和新技术应用等类别，再按顺序排列，在此基础上参照文书档案目录编制卷内文件目录。

文件材料的编号由"全宗号—类号—件号"三部分组成，一般在文件材料首页上方的空白处进行编号。综合全宗卷的全宗号，填写档案馆（室）编号或档案属类代号。全宗卷文件材料按照分类编号顺序装盒。文件材料较多，一盒装不下时，可按分类编号顺序装入数盒。装有文件材料的全宗卷应填写卷盒封面和脊背。全宗卷卷盒区分全宗，按卷盒排列顺序编制流水号。综合全宗卷单独编制盒号。

3．全宗卷的保管

档案馆和保管全宗较多的档案室，宜将全部馆（室）藏档案的全宗卷集中保管，按照全宗号顺序排列编制全宗卷目录。保管单一全宗的档案室，全宗卷可与档案一并保管，将全宗卷置于该全宗档案的卷首，也可以将全宗卷与书本式检索工具放在一起管理。

档案室建立全宗卷，应采用双套制。档案室向档案馆移交档案时，应同时移交与该批移交档案相关的全宗卷文件材料。

第二节　档案统计工作

一、档案统计工作的内容

档案统计是指运用一系列的统计技术和方法，通过表册和数字的形式描述和分析档案工作中的各种现象、状态和趋势的工作过程。它是了解、认识和掌握档案工作总体情况的重要手段。保证统计资料的准确性、及时性和科学性是档案统计工作的基本要求。

档案统计工作主要包括档案的基本登记和综合统计两部分。从统计对象来看，档案统计工作可分为两个方面：一是对档案实体及管理状况的统计；二是对档案事业组织与管理状况的统计。

二、档案统计工作的步骤

档案统计工作包括三个步骤，即档案统计调查、档案统计整理和档案统计分析。

（一）档案统计调查

统计调查的基本形式有统计报表和专门调查两种。统计报表是各级档案行政管理部门和档案馆（室）按照统一的规定自下而上地向同级和上级档案行政管理部门定期报送的统计材料。统计报表往往带有专业性和强制性。

作为统计报表的补充，专门调查是为了认识和解决某一专门问题而临时组织的调查，其目的是用以反映某一事物在一定时间内的发展水平和状态，所以往往采用的是一次性调查形式，一般可以分为普遍调查和抽样调查两种类型。

（二）档案统计整理

档案统计整理是档案统计工作的第二阶段，是对经统计调查所获取的原始数据进行加工汇总等综合处理，使之规范化、系统化的工作。档案统计整理的具体方法有两种：统计分组和统计表。

统计分组是档案统计整理中的一个重要方法，是对统计对象和有关数据按某种特征或标准进行分类，然后将各组内的统计对象和数据进行排列、汇总，从而说明各类现象的质的特征与发展规律。统计表就是把档案统计调查得来的原始数据进行汇总时的一种工具和表述方式。

（三）档案统计分析

统计分析是档案统计工作的最后阶段。通过对各级档案部门的工作进行分析和比较，可以更好地了解和掌握档案工作的规模、水平和发展趋势，从而充分发挥档案在国家经济社会发展中的作用。

档案统计分析主要有对比分析、静态分析、动态分析与综合分析等方法，其他还有相关分析、因素分析、专题分析与系统分析等。各单位可以根据统计工作的任务和目标选用合适的统计方法。

三、全国档案事业统计年报制度

为了准确地掌握全国档案事业的基本情况，以便对全国档案事业实行科学管理，国家档案局于1983年建立全国档案事业统计年报制度，该制度已纳入国民经济和社会发展计划的统计中。全国各级各类档案部门须按照年报制度要求，依法认真贯彻执行。

第四章　档案检索和利用

第一节　档案检索

档案检索是指对档案信息进行系统存储和根据需要进行查找的工作，是开展提供利用工作的基本手段，是开发档案信息资源的必要条件。档案部门根据利用需求编制检索工具，建立检索体系，并帮助利用者查找档案的活动；它属于一项档案信息资源开发的工作，目的是为档案的提供利用创造先决条件。

一、档案检索的内容

档案检索是指对档案信息进行系统存储和根据用户需要进行查找的工作。档案检索包括档案信息存储和查检两个阶段。其中，存储包括著录标引和编制检索工具。

档案检索的手段通常有两种：一种是手工检索；另一种是计算机检索。

档案检索语言主要有两大类：一类是分类语言；另一类是主题语言。目前我国档案部门编制和统一使用的档案检索词典有：《中国档案分类法》和《中国档案主题词表》。

二、档案著录

档案著录是在编制档案目录时，对档案的内容和形式特征进行分析、选择和记录的过程。内容特征是指对档案主题的揭示，包括档案的分类号、主题词、摘要等；形式特征是指档案的题名、责任者、形成时间、地区、档号、文种和载体等。

为了推行档案著录的标准化和规范化，我国制定并颁布了行业标准《档案著录规则》，作为全国档案著录的规范性依据。这个规则主要包括以下内容。

（一）著录项目

档案的著录项目是指用以揭示档案内容和形式特征所需要的记录事项。根据《档案著录规则》的规定，档案的著录项目有以下七项：

（1）题名与责任说明项。该项包括正题名、并列题名、副题名及说明题名文字、文件编号、责任者、附件等六个单元（小项）。

（2）稿本与文种项。该项包括稿本、文种两个单元。

（3）密级与保管期限项。该项包括密级、保管期限等两个单元。

（4）时间项。

（5）载体类型及形态项。该项包括载体类型、数量及单位、规格三个单元。

（6）附注与提要项。该项包括附注、提要两个单元。

（7）排检与编号项。该项包括分类号、档案馆代号、档号、电子文档号、缩微号、主题词或关键词等六个单元。

这些项目中正题名、责任者、时间、分类号、档号、电子文档号、缩微号、主题词或关键词为必要著录项目，其余为选择著录项目。只著录必要项目的，称为著录简要级次；除了著录必要项目，还全部或部分著录选择项目的，称为著录详细级次。

（二）著录格式

著录格式是著录项目在条目中的排列顺序及表达方式。《档案著录规则》规定，一般使用段落符号式的条目格式，实际工作需要也可以使用表格式条目格式。

段落符号式是指将著录项目分为若干段落，每个项目之间用符号分开的著录格式。在这种格式中，每一著录项目的字数不受限制。

使用表格式条目时，其著录项目应与段落符号式条目相同，排列顺序亦可参照段落符号式条目。

采用"段落符号式"卡片著录，卡片的规格为 5cm×7.5cm；著录时，卡片四周均应留出 1cm 空隙。如果卡片正面未著录完，可在背面接续著录，并在正面右下角采用"（接背面）"的方式加以注明。

第二节　档案提供利用

由于高校档案工作是一项基础性的管理工作，同时又是一项服务性工作，因而很难产生明显直接的经济效益，所以在学校工作大舞台上，它是一项默默无闻、专为他人"铺路"、当配角的工作。高校档案利用工作是指高校档案工作者以档案信息为服务前提，以档案利用者为服务对象，以满足高校教学、科研、党政管理及社会各方面需求为目的，通过多种途径、形式、渠道和方法传递档案信息，实现档案信息价值的过程。它是评价高校档案工作成功与否的关键。提供利用工作是档案室（馆）以馆藏档案资源为基础，根据单位和社会的需求，通过一定的渠道和方法，向用户提供具有各种形式和内容的档案信息的活动。提供利用工作是发挥档案作用的主要环节，是档案工作服务性的集中体现。

一、档案利用工作的要求

档案利用工作又称档案提供利用工作，是指档案部门以馆（室）藏档案资源为依据，通过一定的方式与方法，直接提供档案信息，为社会各项事业服务的一项工作。

档案人员应树立良好的服务观念，分析预测不同的利用者不同时期的利用需求，掌握利用工作规律，熟悉馆（室）藏内容，并为利用者提供必要的设备和条件。

二、档案提供利用的主要方法

档案提供利用的基本形式有阅览、复制和摘录等三种。

（一）阅览服务

档案阅览服务，是指档案馆（室）设立专门阅览场所，为利用者提供档案服务的一种基本方式。阅览室的设置应该以宽敞、明亮、舒适、安静、安全为基本要求。一般应配有必要的利用设施和相应的参考工具。阅览室还必须制定阅览制度，作为利用者共同遵守的行为规范。

（二）档案外借

档案外借服务，是指档案馆（室）按照一定制度和手续，暂时将档案借出馆（室）外使用的一种服务方式。这是一种需要严格控制的档案借阅形式。

对外借的档案必须制定与执行严格的规章制度。首先，要履行一定的审批手续，进行必要的登记签字；其次，要控制借阅的期限和数量，严格催还和续借制度，避免因外借时间过长致使档案损毁；最后，对归还的档案应完善归还注销、清点检查制度，确保外借档案安全、完整地收回。

（三）制发复制本

制发档案复制本，是指档案馆（室）根据档案用户的合理需要，以档案原件为依据，通过复制、摘录等手段，向档案用户提供档案复制品的一种服务方式。所谓副本，是指能反映档案原件的所有组成部分；而摘录，是指只选取原件的某部分内容。复制方法主要有：复印、手抄、打字、印刷以及摄影等。

在制发档案复制品时，对复制珍贵及易损档案应严格控制，复制应履行一定的审批手续，对制发范围和审批权限等应做出明确规定。为确保档案复制本的真实性，应在档案文件空白处或背面注明档案保管单位名称、档案原件编号，必要时，还要加盖公章以示负责。

（四）档案证明

档案证明是指档案馆（室）根据机关、团体、企事业单位或个人的申请，为证实某一事实在馆（室）藏档案内有无记载以及如何记载而出具的书面证明材料。

制发档案证明是一项政治性、政策性很强的工作，要求较高。首先，档案部门要认真地审查利用者的申请书或介绍信，明确利用目的、用途以及所要证明的内容范围。其次，出具档案证明必须坚持实事求是的原则，应根据可靠的档案原件或副本、抄本进行准确、明了的编写，经认真校核并确认无误后，加盖公章方能生效。在档案证明上还应注明有关材料的出处及编写方法。最后，制发档案证明的编写方法，要以引述和节录档案原文为主。档案馆（室）不同于国家公证机关，它所制发的档案证明仅仅是向有关利用者证明某种事实在馆藏中有无记载及其记载情况，必须保证表述准确、真实、客观，不能妄加总结和评价，或擅自对档案原文进行解释。

（五）咨询服务

档案咨询是档案馆（室）人员解答利用者提出的问题，指导利用者查阅档案信息的一项服务工作。咨询内容有事实性或知识性，咨询方式有电话、来人、来函等。咨询服务一般分为接受咨询、咨询分析、查找档案、答复咨询、建立咨询档案等步骤。

（六）档案展览

档案展览，是档案馆（室）为配合各项工作的开展，按照一定主题，系统形象地展示与介绍馆（室）藏有关档案的内容、成分的一种提供利用方式。

在展出时，必须注意档案保护和保密工作。为了保护原件，展品一般宜用复制品。展出机密的档案，需经领导批准和规定参观者的范围。

三、档案利用的程序

（一）开放档案利用

根据国家档案局关于《各级国家档案馆开放档案办法》的规定，各级国家档案馆对开放档案的利用程序做出了具体规定。

1. 我国公民和组织利用开放档案的程序

中华人民共和国公民持有身份证或工作证、介绍信，可直接到档案馆利用。

2. 港、澳、台同胞和华侨利用国内已开放档案的程序

港、澳、台同胞和华侨利用国内已开放档案，如查取本人及其亲属历史证明，可持本人回乡证或身份证等有效证件，直接到有关档案馆利用；利用其他开放档案，须经大陆邀请单位、合作单位或接待单位介绍，提前30天向国家档案局或有关档案馆提出申请，说明自己的身份和利用档案的目的与范围以及其他有关情况，并经保存该档案的档案馆同意，就可以利用已开放的档案。

3. 外国组织和个人利用我国已开放档案的程序

外国组织和个人利用已开放档案，须按照《档案法》及其《实施办法》以及国家档案局颁布的《外国组织和个人利用我国档案试行办法》的规定办理。凡已经我国有关主管部

门的介绍和保存该档案的档案馆同意的，可以直接到各级国家档案馆阅览、复制摘录或以函、电等方式利用已开放的档案。这里的有关主管部门一般指的是我国负责外事工作的部门、外国组织或个人来华的接待单位的主管部门。

具体程序是：外国组织或个人根据与我国各级政府及其工作部门签订的有关文化交流协定利用我国各级国家档案馆的档案，可以通过签订协定的我国有关部门介绍，提前30天向有关档案馆提出申请。以其他途径利用中央级和省级国家档案馆的档案，可提前30天向国家档案局或有关省档案行政管理部门提出申请。申请利用者须说明自己的身份和利用目的与范围及其他相关情况。在利用过程中，须遵守档案馆的有关规定。

利用者到各级国家档案馆利用开放的档案，须服从档案馆的安排，遵守有关的各项规定，对违反者档案馆可视情况给予劝告或进行其他处置。利用中如损坏档案，档案馆可根据档案价值责令利用者进行赔偿，或给予其他处理。

（二）未开放档案利用

对于保存在各级国家档案馆的未到法定开放期限或者按规定需要延期开放的档案，利用者如果需要利用，根据《档案法》及其《实施办法》规定，应当符合以下条件：

（1）利用主体必须是我国的国家机关、团体、企事业单位和其他组织以及公民个人。

（2）利用是为经济建设、国防建设、教学科研和其他各项工作的需要。

（3）须经保存该档案的档案馆同意，必要时还须由该档案馆报经同级档案行政管理部门审批同意。

（4）遵守国家制定的有关利用未开放档案的规定。

（5）《上海市国家综合档案馆档案利用和公布办法》规定，公民和组织利用档案馆未开放的档案，应当凭公民本人所在街道（乡、镇）以上组织或本组织的介绍信，到国家综合档案馆办理申请手续。公民利用记载本人有关知识青年上山下乡、支援内地建设、婚姻登记、计划生育（独生子女）、学历、学籍、职称、获奖荣誉、离退休的证明性未开放档案，可以凭本人身份证到档案馆办理申请手续。

（三）已向档案馆移交、捐赠、寄存档案的利用

《档案法》规定：向档案馆移交、捐赠、寄存档案的单位和个人，对其档案享有优先利用权，并可以对档案中不宜向社会开放的部分提出限制利用的意见，档案馆应当维护他们的合法权益。

根据上述规定，向档案馆移交、捐赠、寄存档案的单位和个人，在档案利用方面享有下列权利：

（1）不论其档案的所有权归属如何，均有优先利用移交、捐赠、寄存档案的权利。

（2）可以对移交、捐赠、寄存档案中不宜向社会开放的部分提出限制利用意见。

（3）档案馆对寄存的档案，不得任意提供利用，如需提供利用，必须征得寄存者同意。

（四）其他组织、单位档案的利用

机关、团体、企事业单位和其他组织的档案机构保存的档案，按照法定移交期限向有关国家档案馆移交。这些档案在移交进馆前，主要供本单位工作需要查考利用。本单位外的其他利用者如果需要利用，须经档案保存单位的同意。

四、网络提供利用

网络提供利用是档案室（馆）通过互联网或局域网提供档案原件和档案检索信息、举办档案展览、进行咨询等在线开展档案信息服务的方式。与传统档案提供利用方式相比较，利用网络开展利用工作可以摆脱场地、时间、人员等因素的制约，集多种信息服务形式为一体进行全天候服务，有利于档案部门和人员充分发挥主体作用，主动地和创造性地开展提供利用工作。开展网络档案提供利用工作的主要步骤如下所述。

（一）选择形式、题目与制订计划

开展网络提供利用是一项时间较长的建设任务，应该根据本单位的需要事先规划好提供利用的形式，由简单到复杂逐步实施。例如，开始可以将档案目录和少量原件上网；进一步可以开展档案展览、网上咨询工作；条件允许的情况下，还可以建立 BBS 论坛、进行问卷调查，与各相关部门、人员、用户建立联系，"在线"了解需求、讨论问题等。在选题上也应该贴近本单位的利用和文化建设的需要，既有反映单位历史发展和成果的题目，也应该有反映单位突出人物、特色产品、典型事件等方面的题目；在解决查找需求的同时，还要有宣传、教育意义。根据上述考虑，我们应该制订一个工作计划，规定分别实施的时间、具体内容和所需的条件等，以便逐一落实。

（二）数字化准备与信息鉴定

在开展网络服务之前，我们需要将上网信息进行数据化处理，包括通过计算机、扫描仪等设备把纸质档案、传统照片等转化为数字化信息；对视听型录音录像档案按照格式要求处理等。上网的信息应以档案为主，根据需要，也可以采用报刊、图书等其他信息资料。同时，对可以上网和因政治、经济、技术、人事等原因不能上网的信息进行鉴定，保证上网信息符合国家的法律，并有利于维护单位和个人的合法权益。

（三）网站设计与数据维护

网站设计主要指版式的规划和设计，在这个过程中需要设计不同的栏目，以按照不同的题材、类型或形式多途径地提供档案信息。网站设计一般请专业人员承担，这时档案人员需要与设计人员不断沟通，使网站的功能、版式、布局、图案、色彩等符合我们的专业要求，达到形式与内容的和谐统一。当网站运行以后，档案人员需要定期检查其运行情况，了解用户的反映，根据需要补充和更新数据。

五、档案提供利用方式多样化与档案利用率

利用与提供利用是互为前提、互为基础的。利用者有客观的利用需求才会产生提供利用的必要，在多样化地提供利用方式保证下，利用才能得以实现。档案利用率反映档案利用，所以必然受到各种提供利用方式的制约。但是，利用与提供利用又是有区别的，并不是所有的提供利用方式都能产生相应的实际利用行为，都能反映到档案利用率的变化之中。因此，多样化的档案提供利用方式对档案利用率的影响可以分为显性、半显性、隐性三个层次。

一是档案提供利用方式对档案利用率的显性作用。档案提供利用方式对档案利用率的显性作用是直接改变利用率的高低。从传统的档案利用率的公式来看，直接作用于利用率大小的因素是被提供利用档案的数量，而且这些档案是指档案原件，并非编研材料。因此，通过前文对档案提供利用方式的分析，我们不难看出提供一次文献服务方式是利用率变化的晴雨表，两者之间存在正比例关系。反之，档案利用率提供的方法之一是提供一次文献服务方式的广泛开展，以刺激档案原件利用数量的增加。实际上，被动提供服务方式与提供馆内服务方式中也包括提供一次文献服务方式。因此，档案部门应以一次文献服务、被动服务、馆内服务为重心，协调控制其他多种提供利用方式，才能确保档案利用的数量与质量。

二是提供利用方式对档案利用率的半显性作用。所谓半显性作用，即能够得到部分反映的影响。档案提供利用方式对档案利用率的半显性作用表现在这些方式只能通过其他方式间接作用于利用率，改变其大小。例如：提供二次文献服务方式中的提供档案文件目录、提供非文献服务方式中的代理咨询服务。这些提供利用方式的变动将通过其他方式的传递，部分反映到利用率中。提供档案文件目录方式的增长将会导致提供一次文献方式的增加，从而促使利用率上升。由档案人员提供的咨询服务，虽然不是由利用者直接利用档案，但也会涉及对档案的利用，因此也会影响利用率。所以，档案利用率地提供也离不开检索工具的完善以及其他服务方式的补充。

三是档案提供利用方式对档案利用率的隐性作用。隐性作用即深藏不露、未能明显表现出来的作用。档案提供利用方式对档案利用率的隐性作用又可分为绝对隐性作用与相对隐性作用两种。绝对隐性作用是指档案提供利用方式对档案利用起着潜移默化的影响，目前尚未激发出真正利用档案的行为。如档案宣传工作的开展只是增强社会档案意识，激发潜在的、未来的档案利用，但不一定改变现有利用。具有这种作用地提供利用方式变化自然不能反映到档案利用率中，从严格意义上说也不能作为利用率公式的考虑因素。

相对隐性作用是指档案提供利用方式的变化确实引起了档案利用的变化，只是相对现有利用率公式而言具有隐性作用。它们因为在利用率公式中得不到反映而隐化了作用，如果对利用率公式进行调整，这种相对隐性作用将转变为显性作用。具体来说，提供三次文

献服务方式、提供档案编研材料都具有这种作用。由于三次文献、编纂产品等档案加工成果在很大程度上替代了档案原件的参考作用，因此不会导致原件利用率上升，但是它们都是档案利用中不可缺少的一部分，理应在利用率中得到反映。

第三节　档案开放与公布

一、档案开放

档案开放，是指各级国家档案馆按规定将达到一定期限、无须控制使用的档案向社会公开，允许档案利用者在履行简便手续后即可利用。

（一）档案开放的时限

档案开放的期限，是指由《档案法》规定的档案从形成到开放的时间。《档案法》规定了国家档案馆保存的档案，一般应当自形成之日起满30年可以向社会开放。《档案法实施办法》对各类档案的开放作了更为具体的规定。

1. 中华人民共和国成立以前的档案开放的起始时间

中华人民共和国成立以前的档案具体是指清代和清代以前的、民国时期的档案和新中国成立以前的革命历史档案。这些档案自其形成之日至今均已超过30年，符合法定的开放期限，可以向社会开放。

2. 中华人民共和国成立以来形成的档案开放的起始时间

中华人民共和国成立以来的档案，是指1949年10月1日新中国成立以来的各级国家机关、组织、团体及个人从事政治、军事、经济、科学、技术、文化、宗教等活动形成的，对国家和社会有保存价值的全部档案。这些档案中，除了涉及国防、外交、公安、国家安全等国家重大利益及公民隐私等到期不宜开放的以外，都应当自形成之日起满30年分期、分批地向社会开放。

3. 经济、科学、技术、文化等类档案开放的起始时间

经济、科学、技术、文化等方面的档案与社会主义各项建设事业紧密相关，并且这类档案的利用率较高，如果满30年再开放，很可能使其中的许多档案失去应有的价值，所以，这类档案进档案馆后可以随时开放。

（二）档案开放的限制

档案开放是指将原来处于封闭状态的档案依法向社会公开，供社会各方面利用，将过去控制在一定范围内使用的档案转变为供社会利用。但开放档案并不等于毫无条件和无限制地公开档案，对档案馆馆藏中虽已满30年，但仍不宜马上向社会开放的档案，就要延

期开放或控制使用，这既是维护国家、社会和公民利益的需要，也是当前世界上许多国家开放档案的通例。

二、档案公布

（一）档案公布的概念

档案的公布是指属于国家所有的档案，由国家授权的档案馆或有关机关依法以各种形式将可以向社会开放利用的档案的全部或部分原文，或档案记载的特定内容，首次向社会公开发布的行为。

（二）档案公布的形式

档案公布的形式，从内容上可以分为公布档案的全部原文、部分原文和档案记载的特定内容三种。

档案公布的形式，从手段上来看，主要有以下七种形式：

（1）通过报纸、刊物、图书、声像、电子等出版物发表。

（2）通过电台、电视台播放。

（3）通过公众计算机信息网络传播。

（4）在公开场合宣读、播放。

（5）出版发行档案史料、资料的全文或者摘录汇编。

（6）公开出售、散发或者张贴档案复制件。

（7）展览、公开陈列档案或者其复制件。

凡是国家授权的档案馆或有关单位依照上述七种形式公布档案的行为是合法行为；而无权公布档案的单位和个人，未经授权或批准，以其中任何一种形式公布档案，均构成违法行为。

（三）档案公布的权限

档案法律法规对档案公布的权限做了明确的规定，所有权不同，其公布权限也不同。

（1）保存在档案馆的，属于国家所有的档案，由各档案馆公布，必要时由档案馆事先征得档案形成单位的同意，或者征得档案形成单位的上级主管单位同意。

（2）保存在各单位档案机构的档案，如果是已到了开放期限但尚未向有关档案馆移交的，由该单位公布，必要时，由本单位报请上级主管单位同意。

（3）属于集体所有、个人所有以及其他不属于国家所有的档案，由档案的所有者公布，但在公布时必须遵守《中华人民共和国保守秘密法》（以下简称《保密法》）等有关法律法规，不得损害国家、社会、集体和公民个人的利益。

利用者需要公布档案的，必须向有关档案馆提出申请，档案馆应当自受理申请之日起30个工作日内，就是否准予公布档案给予答复。必要时，档案馆和利用者可以签订利用、公布的协议，明确双方的权利和义务。

第五章　档案编研

当前，随着档案事业不断繁荣发展，如何充分发挥档案的潜在价值与作用，使之服务于经济转型升级、社会进步和民生需求，显得十分重要。档案编研工作所要探究和实践的，就是通过挖掘档案资源，利用档案里蕴藏的丰富信息来回顾历史，总结经验，服务于社会各项事业。

档案编研工作是档案人员富集档案中最有价值的部分，以具有倾向性专题成果的形式，提供给社会利用的工作。作为一种主动服务型的利用工作，档案编研工作能够提供系统化的经过科学整理的档案信息，可以打破档案利用在时间和空间上的限制。

从事档案编研工作既要尊重事实，保持档案文献的原貌，忠于档案原文；又要注重档案编研成果的实用性，使之有利于社会发展。

第一节　档案编研工作的内容

档案编研成果最常用的有四种分类。

按表达形式划分：可以分为文字式、图形式、数据式和声像式四种。

按加工层次划分：可以分为一次加工、二次加工和三次加工三种。

按选题范围划分：可以分为综合型和专题型两种。

按体裁特征划分：可以分为汇编、文摘、索引、简介、综合调研材料和史志等若干种。

一、编辑历史档案史料和现行文件汇编

编辑档案史料和现行文件汇编也是"档案文献编纂"，按照一定作者、专题、时间或文中等特征，将档案史料、现行文件进行汇编成册，在一定范围内使用或公开出版，属于一次性文献。例如，《中华人民共和国政策法令选编》为重要文件汇编；《日本掠夺华北劳工档案史料集》为专题性档案史料汇编；《中国加入世界贸易组织法律文件》为现行性文件汇编等。

（一）发文汇集

发文汇集是将本单位的全部发文按文号次序排列而汇集成册的一种一次加工档案编研

成果。全部文件是指某一特定时限内的全部文件，一般是以年度为时限，将本单位一个年度内的全部发文（一般是原始文件的重份文件）编成一套汇集（要求在收集时，单位的所有发文应保存两份）。

发文汇集的特点是材料集中，时间针对性强。它最主要的作用是依据作用，直接查阅利用发文汇集可以代替查阅档案原件。这一点是其他档案编研成果所无法代替的。

对于发文比较少的单位，可以一年编一本发文汇集。对于发文比较多的单位，可以一年编几本。假如有必要编几本的，可以按发文时间划分或发文字号的不同划分。

（二）专题汇编

专题汇编是将集中反映同一问题的一组文件汇集而成的一种一次加工档案编研成果。

专题汇编的编制方法、编制要求、格式和作用等也同发文汇集一样。它与发文汇集的区别就在于它不是以年度单位，而是以文件所反映的问题为单位，将涉及相同问题的有关文件汇集在一起。如有的单位编制的《安全生产操作规程汇编》就是一个专题汇编。专题汇编的另一个特点是形式多样，可以根据不同的专题、不同的表达形式，编制形式多样的专题汇编，满足各方面的需要。其他如《人员任免汇编》《荣誉汇编》《标准汇编》《质量管理文件汇编》等。

（三）图样汇编

图样汇编是按专业将各种有关的图样汇集成册的一种一次加工档案编研成果。人们在进行图样设计时通过利用图样汇编，可以受到启发，甚至可以套用其中的材料，提高设计工作效率。

一般单位都是通过复制技术图样的办法编制图样汇编的。图样汇编可以是综合性的，也可以是专题性的。如《工艺设备图集》《主要零部件图汇集》《民间住宅户型标准设计图册》《大型电机通用件汇编》。

（四）文集

文集是将特定作者的作品、科研论文汇编成册的一种一次加工档案编研成果。文集既可是一个作者的作品、科研论文单独编制而成，也可是几个作者的作品、论文合在一起编制而成。如《应用现代化管理方法论文选编》《报刊选编》《领导讲话汇集》。

二、编辑档案文摘汇编

档案文摘汇编是档案馆（室）根据一定的专题对档案原始文摘进行汇总编辑形成的编研成果。档案文摘是对档案原文的缩写，即以简练的文字概要地揭示档案文件的主要内容，不加任何评论与补充解释，是档案的二次文献形式。如：学术论文文摘汇编，科技成果文摘汇编，专业档案文摘汇编等。其特点为：信息量大，针对性强，更新及时。

三、编写档案参考资料

编写档案参考资料是档案馆（室）根据一定的选题，根据档案内容加工编写而成的一种可供人们参考的档案材料加工品。如大事记、组织沿革、专题概要、统计数字汇集等。档案参考资料的编写是依据档案原件，但其表现形式已经改变了档案原件的面貌，属于三次性文献。其特点表现为：问题集中、内容系统、概括性强，介乎于档案文献与学术论著之间，内容具有参考作用，但不指明内容出处。

四、编史修志

编史修志是档案馆（室）以馆藏档案为基础，参加历史研究、编修史书、撰写文章或著作、探索历史发展规律的工作。它可以将档案部门与社会的研究力量结合起来，共同开发出更高层次的档案知识产品。

第二节 档案编研工作的原则

一、存真性原则

存真性原则是指档案编研工作要保证编研材料的真实性和可靠性。维护历史的真实面貌，是档案工作的共性要求。在编研工作中坚持存真性原则，最根本的就是要坚持实事求是的科学态度。在任何情况下都不准以任何借口歪曲更改档案原文，同时，编辑过程中，每一细节都要有根有据，避免任何主观随意性。

二、实用性原则

实用性原则是指档案编研成品必须适合社会各方面工作的客观需要。从编研课题的选定、选材范围与标准、编研材料的加工方式、印制数量、发放、交流范围等，都应当在了解实际需求的基础上进行，切合实际需要，注重实用性。

三、可行性原则

可行性原则是指档案编研工作必须在依托档案馆（室）藏的实际状况和必须遵守相关法规的前提下进行。任何编研课题的选定，除了根据实际需要外，只有在馆（室）藏档案内容所覆盖的范围内才是可行的。此外，即使是馆（室）藏内容许可，由于受到档案法规制度的限制，凡属不符合开放利用规定范围内的档案，都不可选用。

第三节　几种常见档案参考资料的种类及编写

档案参考资料是档案编研工作的主要内容，档案参考资料的种类主要有大事记、组织沿革、统计数字汇集、专题概要（含会议情况简介）等。下面主要介绍档案室的编研工作常见的种类大事记和组织沿革的编写要点。

一、大事记

大事记是党政机关、企事业单位、社会团体记载自己重要工作活动或自己辖区所发生的重大事件的一种应用文体。作为一种公务文书，大事记忠实地记载着一个地区、一个部门的重要工作活动和重大事件，因此，它首先可以为本地区、本部门的工作总结、工作检查、工作汇报、工作统计和上级机关掌握面上情况提供系统的、轮廓性的材料。其次，大事记具有史料价值，可以起到录以备查的作用。

（一）大事记的种类

（1）从范围和性质上，可分为机关大事记、国家或地区大事记、专题大事记、个人生平大事记（亦称个人生平年谱）等。

（2）从内容上，可分为综合性大事记与专题性大事记。

（3）从编写形式（即体例）上，可分为"以时系事"的大事记、"以事系时"的大事记和"时事结合"的大事记。

此外，从体裁（即表现形式）上可分为条目式大事记、表格式大事记；从名称上可分为大事记述、大事年表、大事年谱、大事月表、大事日志等。

（二）大事记的内容结构

大事记的格式单一、固定，由标题和主体两部分组成。此外，还可以根据大事记的编写目的、对象、篇幅大小、年限长短等因素，设置前言（或编辑说明）、目录、材料出处和注释等。

标题由制文单位、事由和文种构成，如《中国医学大事记》；由制文单位和文种构成，如《××人民政府大事记》；由事由和文种构成，如《解放以后中国科技发展大事记》；由制文单位、时间和文种构成，如《××市人民政府八月份大事记》等。

大事记主体主要由大事时间和大事记述两部分组成。

（1）大事时间一般要求记载准确的日期，不用或少用"最近""近日""月初""上旬"等不确定的日期来记述，而且对每件大事均须写明某年、某月、某日，然后再按大事发生的时间顺序的先后进行排列。对某些大事时间的记述，甚至还要写明确切的时、分、秒。对某些历史事件除了写明公元年号外，同时还须标明朝代年号。

（2）大事记述。通过对许多重大历史事件的记述，反映历史发展的概貌及其规律性。在大事记中应选用确属重大事件的材料，避免事无巨细地罗列材料。因此，在记述大事时，应注意如下几个问题：

①一条一事。大事记述要求一条一事，不能将若干事件放在一个条目中综述。即使在同一时期内有许多事件需要记载，也应该各立条目，或在该日期之下分段记述，以保证条目清晰，便于阅读。

②观点正确，用材真实。在分析人、物、事时，必须坚持实事求是，取舍合理，详略得当，褒贬公允，如实地反映事物的本来面貌。用材力求真实可靠、有根有据，对每件材料的形成时间、地点以及内容的正确性都要认真加以鉴别。如关于重大会议的叙述应明确具体的时间、地点及参加会议的重要任务，并对会议内容进行客观精练的概括，词语表达上不应带有个人的感情色彩。

③大事突出，要事不漏，小事不要。大事是指事件涉及的范围广、影响大，不仅在当时属重大事件，而且事后影响久远的事情和事件。要事是指在一定的范围、一定的时间有较大影响，事后仍有一定参考意义。小事是指那些局部性的、只有一般意义的事情和活动。编写大事记时，应坚持大事突出、要事不漏的原则，记载要事是对大事的补充、衬托，使大事记内容完整、充实。如在编写一个学校的大事记时，对于省级以上获奖情况较多时，那些市级及以下的奖项就不必进行罗列。

（三）大事记的选材

1. 属大事、要事的记录范围

（1）人事变动事。包括该地区和本机关批准的主要领导人的任免、调动；本机关所属干部的重要奖励、处分、离休、退休和逝世等事。

（2）组织变动事。包括该地区和本机关批准的机构的成立、撤销、合并；本机关及所属下级名称的更改、职权范围的调整、内部组织机构的变更、办公地址的迁移，人员编制增减等事。

（3）其他事。包括该地区、本机关之外发生的重大事件在该地区、本机关发生的影响，以及该地区、本机关发生的重大社会动态、事故；气象的重大变化，以及遭受严重的自然灾害与善后处理等事。

2. 属日常重要工作或活动的记录范围

（1）上级对本级重要领导工作活动。包括上级对本级的工作活动重要的书面或电话指示、指导；领导人亲临视察、检查以及提出的主要意见；上级发来的重要文件以及文件的主要精神是什么等。

（2）本级重要领导工作活动。包括对上级重要指示、指导、意见、精神的贯彻情况；本级机关发出的重要文件；重要决策和决议事项；本级领导人对机关部门或下属单位所做的重要批示、指示；该地区、本机关的重要会议：本级机关主要负责人参加的重大活动，重要的外事活动和出访等。

（3）其他工作和活动。包括本级机关的主要工作和主要工作成就，例如在工农业生产方面、城市建设方面、财政贸易方面、文教卫生方面取得的重大成绩，以及科学技术的重大发明创造等；本级机关在工作活动中发生的重大失误以及上级的批评和本级对失误所采取的措施、办法等。

二、组织沿革的编写

组织沿革是系统地记载一个机关、地区或专业系统的体制、组织机构和人员编制变革情况的档案参考资料。组织沿革主要包括如下内容：地区、专业系统或机关的历史概况、行政区划、建制变更情况；机关成立、合并、撤销的时间、原因，机关名称的变更，办公地点的迁移；机关的性质、任务、职权范围、隶属关系以及领导人的任免情况；机关内部组织机构的设置及变化情况，职权范围，机构负责人的姓名、任职情况；机关及内部组织机构的人员编制的扩大或缩小情况。

（一）组织沿革的种类

（1）记载一个单位的工作、生产发展及其体制、内部组织机构和人员编制的演变情况。

（2）记载一定地区内所属的党、政机关和群众团体等各种组织的设置及其变化或行政区划演变情况。

（3）记载某一专业系统所属组织机构的设置及其变化情况。

（二）组织沿革的体例

（1）编年法。编年法是按年代顺序逐年编列出某一机关或地区或专业系统的内部组织机构设置及其负责人情况的方法。比较适用于组织机构常有变化的机关或地区或专业系统的组织沿革的编写。

（2）系列法。系列法是以组织机构为主线，对每一组织机构及其主要负责人沿袭变化的始末进行系列编写的方法，比较适用于组织机构相对稳定、变化不大的机关组织沿革的编写。

（3）阶段法。阶段法是根据机关或地区或专业系统发展历史上的重大变化，自然地分为若干阶段，然后在每一个阶段内划分为若干系列进行编写的方法。

（三）组织沿革的形式

组织沿革的形式有以下几种：文字叙述的形式、图表的形式和文图并用的形式。通常对历史沿革、主要职能和任务部分多用文字叙述，对机构、人员变化情况则多用图表。这样文图并茂，既能减少篇幅，又条理清楚、便于查找。

三、统计数字汇集

基础数字汇编就是反映一定机关、企业、地区、系统或某一方面基本情况的一种数字材料。由于这种材料简单明了，形式灵活，因而是了解情况、研究问题、制订计划、指导工作和总结经验不可缺少的依据和参考。

基础数字汇编按其内容可分为综合性和专题性两种。综合性的基础数字汇编是记载和反映一个机关、企业、地区、系统全面情况的数字汇集，其包容性强，篇幅较大。如《××县基础数字汇编》应包括该县土地面积、资源分布、人口、工农业产值、产值、利润、文化教育设施等多方面的数字情况。专题性的基础数字汇编则是记载一个机关、企业、地区或系统某方面基本情况的，如××市医药卫生基础数字汇编。

编写基础数字汇编，最重要的是统计数据必须准确可靠。对统计报表，调查的数字要认真核对，征询业务部门的意见，请他们参加核实，最好使用统计部门的材料。因此，编写基础数字汇编，可以由档案部门编，也可以与统计部门、有关业务部门合编，以保证各种数字的完整、准确，提高汇编的质量。

四、专题概要

（一）专题概要含义

专题概要是以文字叙述的形式简要地记述和反映某一方面的工作、生产或其他社会现象、自然现象的产生、发展、变化情况的档案参考资料。它的一般称呼和具体名称很多，如"××市历年工业发展基本情况""××省历届政协会简介"等。

专题概要用途很广，它既可为机关领导和有关人员系统、扼要地提供某一方面的工作、生产和其他方面的历史材料，又能为编写地方志、历史研究和科学研究等提供具有参考价值的素材。专题概要的种类主要有会议简介，产品、工程设备、科研项目简介，地区（机关）综合情况简介，专门问题简介等。

（二）会议简介的编写方法

会议基本情况简介（又称会议简介）是专题概要的常用形式之一。它是利用会议文件简要叙述会议过程、反映出每一次会议基本情况的档案参考资料。

（1）会议简介编制以会议基本情况（也称会议简介）为基础，是利用会议文件简要叙述会议全过程，反映出每一次会议基本情况的参考资料，是专题概要常用形式之一。

（2）会议简介的内容主要包括会议的届次、召开的时间、地点、主持人、参加人（代表分配名额和列席范围），会议议程和开法、讨论与决议事项，以及选举结果等。

（3）编制按时间或届次的先后，将每次会议的内容、议题、决议事项等依次编排列述。即可一年一编，也可随时积累，逐渐形成。

第六章　档案管理工作实务

第一节　档案工作实务概述

一、档案工作基本要求

（一）建立档案工作组织

1．设置机构

各机关、人民团体和企事业单位应当设置档案工作机构。机关、人民团体、事业单位的档案机构一般设在办公室（秘书处），企业设在综合管理部门。机关、人民团体和企事业单位可结合实际情况设置独立的档案机构，如档案处、综合档案室、档案管理中心。市属大型企业、科研机构、高等学校等符合《上海市档案馆设置管理办法》相关条件的单位，可按规定程序设置企事业单位档案馆，并报市档案行政管理部门备案。

2．明确职责分工

各单位应当明确一位单位领导分管档案工作，定期听取档案工作汇报，协调解决档案工作重大问题；明确档案工作管理机构及其负责人，落实档案管理职能；根据本单位档案工作实际情况配备档案工作专职人员，各部门、处室落实一名档案工作兼职人员，明确岗位职责及分。专职人员应当主要从事档案工作，兼职人员一般由各部门、处室的内勤担任。档案工作人员均应接受业务知识培训。

（二）履行档案机构职责

档案机构的职责为：建立健全本单位档案工作规章制度；负责本单位文件材料的收集、整理、归档工作；依法规范开展各项档案业务工作；集中统一管理本单位的各类档案；依法依规向有关档案馆移交档案；对所属机构档案工作开展监督、指导。

（三）配置档案工作设施设备

（1）配置独立的适宜安全保存档案的专门库房。档案库房面积满足档案管理现实需要，且预留一定空间。库房内配备必要的设施设备，如档案箱（或档案柜、档案架）、空调、去湿机、温湿度计、防盗、防火、防强光、防磁等必要设施设备。档案库房符合"八防"要求，温、湿度控制在档案保护技术规范要求范围内。

（2）设置档案阅览场所及档案人员办公场所。档案阅览场所应配备摄像头等监控设备。档案人员办公场所应设置档案整理区域。有条件的单位，档案库房、档案阅览场所和档案人员办公场所实行"三分开"。

（3）配备档案工作必要的其他设施设备。档案工作所必需的档案卷皮、档案盒、整理工具、复印机、计算机、扫描仪等其他设施设备也应配备齐全，以满足档案整理、保管和现代化管理的需要。

（四）开展档案信息化管理工作

开展档案信息化管理工作主要包括：建立档案目录数据库，应用档案管理软件，实现计算机辅助管理档案和查询档案；对新增电子文件开展归档管理工作；对存量传统载体的档案开展数字化工作。

二、档案工作规章制度

（一）制度种类

档案工作规章制度一般包括三大类别：工作规章、管理制度、业务规范。

1. 工作规章

工作规章用来明确一个单位开展档案工作的职责、管理体制、基本要求等，主要包括：档案工作规定（或档案管理办法）、档案工作岗位职责、档案工作责任追究等。

2. 管理制度

管理制度用来明确档案工作业务环节及重要专项工作管理的基本要求，主要包括：归档制度、档案库房管理制度（档案保管工作制度）、档案利用工作制度、档案鉴定销毁工作制度、档案统计工作制度、档案安全保密制度、档案管理应急处置预案等。

3. 业务规范

业务规范用来明确不同门类和载体形式档案管理的基本要求，主要包括：音像档案管理规范、电子档案管理规范、××业务档案管理规范、重大活动（工程、科技项目）档案管理规范、文件材料整理规范、文件材料归档范围和档案保管期限表、档案分类方案等。

（二）制度建设要求

1. 依法依规

档案工作规章制度制定的依据主要包括：《中华人民共和国档案法》《中华人民共和国档案法实施办法》《上海市档案条例》、国家档案局颁布的档案行政规章、国务院各部委和国家档案局联合颁布的档案行政规章，国家、本市印发的各类业务规范标准、档案行政规范性文件以及其他与档案工作有关的法律法规，如《中华人民共和国保守国家秘密法》

《中华人民共和国著作权法》等，任何单位和组织制定的档案工作规章制度都不得与之相抵触。

2．切合实际

制订档案工作规章制度应以管得住、易操作为原则，不必一味求大求全。就规章制度类别来看，工作规章是一个单位依法开展档案工作的根本依据，其基本要求应当纳入单位的规章制度及考核内容中。而管理制度和业务规范既是工作依据，又指导实际操作，着重解决"做什么"和"怎么做"的问题，应当根据一个单位档案工作的具体情况制订。如收集、整理、归档、保管、利用、安全保密等工作是档案业务的重要环节和要求，关系到档案的完整、系统和安全，有必要通过制度来明确责任和工作流程，作为各部门、处室共同遵守的行为准则，因此，这些是开展档案工作必须建立的工作制度。又如档案检索、统计、编研等业务工作主要由档案机构专职人员承担，对一个单位其他部门和人员来讲不具有普遍约束力。因此，可根据单位性质、规模等具体情况选择制订或纳入档案工作规定中一并制订。再如特殊载体档案、专门档案等有其管理的特殊要求，应当结合本单位档案分类方案及业务活动实际，分门别类、逐步建立健全，确保不留管理空白。

3．保持相对稳定

档案工作规章制度具有稳定性特点，尤其是涉及文件和档案整理等方面要求的，如档案分类方案、归档文件材料整理规范等，一旦作为工作制度确立下来，短时间内不要轻易改变，否则容易造成档案分类和文件整理标准前后不一致，给今后档案调阅和查考带来不便。

4．适时修订完善

随着国家新标准、新规范的出台以及档案行政规范性文件有效期届满修订等工作的开展，尤其是信息技术的发展和无纸化办公的推进，对电子文件归档管理、电子档案管理、传统载体档案数字化、档案信息安全保密等工作提出了新要求，因此，档案工作制度也必须适应新形势要求，适时调整和补充完善。例如，制定档案管理应急处置预案、档案数字化外包规范、档案托管外包规范等就是近年来档案安全和保密工作的要求；《机关文件材料归档范围和文书档案保管期限规定》（国家档案局 8 号令）、《企业文件材料归档范围和档案保管期限规定》（国家档案局 10 号令）也同时规定，机关内设机构或工作职能以及企业的资本结构或主营业务发生较大变化时，文件材料的归档范围和档案保管期限表应当做相应调整和修订。再如，原本属于系统内部管理规范的某项业务档案管理办法，随着国家管理规范的正式出台，应当及时作相应修订调整，确保与上位规范保持一致。

三、档案分类方案编制

档案分类方案又称分类大纲，是指用文字、图表揭示档案类别划分、排列及类目关系并指导档案分类工作的文件，借助其可了解库藏档案的内容结构及组织体系，便于对库藏档案的利用和管理。档案分类方案的科学性、合理性决定了档案整理的质量，因此要特别重视编制工作。

（一）档案分类方案的编制原则

1. 分类方案应体现独特性和完整性

分类方案应依据立档单位管理职能，结合档案形成特点编制。每种性质的单位或是同一种性质的单位，其职能等情况是千差万别的，所以具体到某一个单位，其适用的分类方案是不一样的。因此，分类方案必须根据本单位实际情况编制，只能借鉴不能照抄。同时，其类目体系应包容本单位的全部档案，使立档单位的每种档案均能在分类方案中得以全面完整地反映。档案分类方案编制完成后应作为一项业务规范编入全宗卷。

2. 分类方案应保持连续性和稳定性

分类方案是关系到档案管理工作全局的工作，档案的分类方案一旦编定，要严格执行，保持档案分类排列前后的一致性，不宜随意变动，以免因档案分类体系发生混乱而引起整理、保管、利用等相应工作的一系列变化。因此，档案分类方案应保持连续性和稳定性，不受偶然因素影响，在较长时期内不随意改变，以防止发生"翻烧饼"式的整理等现象。

3. 类目设置应具有排斥性和延展性

分类方案的类目设置要科学合理，类目名称简洁，含义明确，同位类之间不能再现相互交叉包容，例如，已经设置了"业务类"，同一级中就不能再设置"执法业务类"；而"机构"和"问题"，只能选择其一。此外，设置类目应具有一定的延展性，既要充分考虑现有库藏档案内容和成分，还要根据实际情况估计今后一段时期内档案种类可能出现的增长或减少等变化。

（二）档案分类方案的结构与内容

1. 档案分类方案的构成

档案分类方案一般由题名、编制说明、分类表、使用说明四部分组成。

题名是指档案分类方案的名称。通常置于封面或表头，用本单位的名称后加上"档案分类方案"等来表示。

编制说明是介绍分类方案的编制原则和目的、分类依据和规则、适用范围、体系结构、基本类目设置情况、特点、使用方法以及若干重要问题的说明性文字。

分类表是分类方案的主体部分，是将立档单位各职能活动中所形成的全部档案按类目进行划分排序，以图表形式表示。

使用说明主要说明档号标示和档案排列方法。

2. 档案分类方案类目的设置

一个立档单位形成的档案种类有多种，有文书档案、科技档案、会计档案、人事档案等，不同种类档案类目的设置有着不同的规则。企业档案按《工业企业档案分类试行规则》（国档发〔1991〕20号）有关规定执行，会计档案按《会计档案管理办法》有关规定执行，人事档案按《干部档案工作条例》《企业职工档案管理工作规定》和《流动人员人事档案管理暂行规定》执行，高等学校按《高等学校档案实体分类法》和《高等学校档案管理办法》（教育部27号令）有关规定执行。

（1）企业档案分类方案中类目的设置

企业或事业单位一般按照职能分类法编制分类方案。根据国家档案局1991年颁布的《工业企业档案分类试行规则》规定，工业企业档案设置一级类目（基本大类）十类，即党群工作类、行政管理类、经营管理类、生产技术管理类、产品类、科学技术研究类、基本建设类、设备仪器类、会计档案类、干部职工档案类。一般企业按照此规则设置类目，并可根据企业规模、档案数量、职能活动复杂程度等实际情况，在上述十个一级类目基础上做适当增减。

企业档案二级及二级以下类目的设置，同样要依据企业管理职能分工，结合档案的内容和特点来进行具体划分。工业企业档案二级以下类目的设置按照《工业企业档案分类表》中基本范围，结合行业特点和企业实际确定，见表6-1。事业单位可参照企业执行。中小型企业档案分类层次不宜过多。企业管理类档案二级类目一般按问题设置属类，具体可参照《工业企业档案分类试行规则》的二级类目。产品档案二级类目一般应按产品的种类或型号来设置，科研档案二级类目一般应按课题性质或课题来设置，建设项目档案二级类目一般应按工程性质或工程项目来设置，设备仪器档案二级类目一般按设备仪器种类或型号设置。

表6-1　工业企业档案分类表

一级类目名称	二级类目名称	基本范围
党群工作类	党务工作	党委综合性工作、党员代表大会或党委其他有关会议，党委办公室其他事务性工作等。
	组织工作	组织建设，整党建党，党员和党员干部管理，党费管理等。
	宣传工作	理论教育，各种工作活动宣传，政治思想工作与精神文明建设等。
	统战工作	民主党派工作，无党派人事工作，港澳台工作，华侨工作，民族事务，宗教事务等
	纪检工作	党风治理，党纪检查，案件审理，信访工作等。
	工会工作	职工代表大会，职工民主管理，劳动竞赛，劳保福利，女工工作，文化艺术和体育活动等。
	共青团工作	组织建设，政治思想教育，团员大会，团员管理，团费管理，青少年工作等
	协会工作	各专业学会、协会工作，各群众团体活动等。

一级类目名称	二级类目名称	基本范围
行政管理类	行政事务	企业综合性行政事务工作，厂务会议，厂长（经理）办公室工作，文秘工作，机要保密工作等。
	公安保卫	社会治安，武装保卫，枪支弹药管理，民兵工作，消防，交通管理，刑事案件审理，人防工作等
	法纪监察	法律事务，政纪监察，违纪案件审理等。
	审计工作	各专项审计工作活动等。
	人事管理	干部管理，工人招聘、录用、调配工作，企业劳务出口工作等。
	教育工作	普通教育，中专和职业教育，高等教育，职工在职培训幼儿教育等。
	医疗卫生	卫生监督与管理，职工防病治病，计划生育工作等。
	后勤福利	职工生活福利，食堂，商店，幼儿园，农牧副业，职工住房，企业第三产业等。
	外事工作	企业涉外活动。
经营管理类	经营决策	企业改革，重大经营战略性决策，企业发展规划，方针目标管理等。
	计划工作	企业中、长期计划，年（季）度计划，各项专业发展计划，全面计划管理工作等。
	统计工作	各种统计报表，企业综合性统计分析工作等。
	财务管理	资金管理，价格管理，会计管理，资金流通等。
	物资管理	物资供应，仓库管理，废旧物资回收与修旧利废等。
	产品销售	市场分析，用户调查，产品销售，广告宣传，售后服务工作等。
	企业管理	企业普查，企业整顿和企业升级，经济责任制管理，企业管理现代化工作等。

一级类目名称	二级类目名称	基本范围
生产技术管理类	生产调度	生产组织，调度指挥工作等。
	质量管理	企业全面质量管理，产品质量检测和质量控制工作等。
	劳动管理	劳动定额、定员，劳动调配，劳动工资，劳动保护等。
	能源管理	能源消耗定额管理，节能降耗工作等。
	安全管理	安全生产，工伤事故处理，职工安全教育等。
	科技管理	新产品开发，科技成果管理，技术引进，技术革新和采用新技术，合理化建议等。
	环境保护	环境保护检测与控制，污染治理等。
	计量工作	各种计量检测工作。
	标准化工作	企业标准化管理工作，各种标准档案。
	档案和信息管理	企业档案工作，各类数据管理，电子计算机系统，情报工作，图书资料工作等。
产品类	产品档案二级类目按产品种类或型号设置	同一产品型号内，包含产品从开发、设计、工艺、工装加工制造、检验、包装、商标广告和产品评优的全过程。
科学技术研究类	科研档案二级类目按课题设置	同一科研项目内，包含课题立项、研究准备、研究试验总结鉴定、成果报奖、推广应用等项目研究和管理的全过程
基本建设类	基本建设档案二级类目按工程项目或建筑项目设置	同一工程项目内包含工程的勘探测绘、设计、施工、竣工验收和工程创优的全过程。
设备仪器类	设备仪器档案二级类目按设备种类或型号设置	同一设备仪器内，含设备购置、安装调试、运行、维护修理和设备管理等全过程。
会计档案类	凭证	各种会计凭证。
	账簿	各种财务账簿。
	报表	各种财务报表。
	其他	

一级类目名称	二级类目名称	基本范围
干部职工档案类	干部档案	
	工人档案	
	离退休职工档案	
	死亡职工档案	

（2）高校档案分类方案中类目的设置

针对高校以教学与科研工作为主的职能特点，有《高等学校档案实体分类法》，其分类方案一级类目按《高等学校档案实体分类法》和《高等学校档案管理办法》（教育部27号令）中明确的问题分类法设置类别，其中，一级类目下设的二级类目"综合类"均属于文书档案范畴，见图6-1，表6-3。

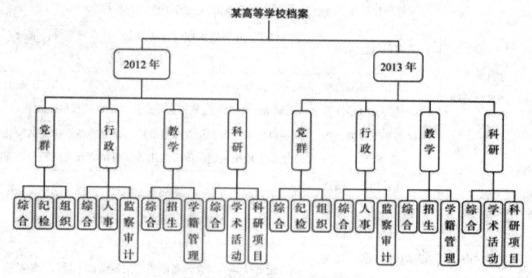

图6-1　高等学校档案分类方案图

表6-2　高等学校档案分类表

二级类目名称	基本范围
党群类	主要包括高等学校党委、工会、团委、民主党派等组织的各种会议文件、会议记录及纪要；各党群部门的工作计划、总结；上级机关与学校关于党群管理的文件材料。
行政类	主要包括高等学校行政工作的各种会议文件、会议记录及纪要；上级机关与学校关于人事管理、行政管理的材料。

二级类目名称	基本范围
学生类	主要包括高等学校培养的学历教育学生的高中档案、入学登记表、体检表、学籍档案、奖惩记录、党团组织档案、毕业生登记表等。
教学类	主要包括反映教学管理、教学实践和教学研究等活动的文件材料。按原国家教委、国家档案局发布的《高等学校教学文件材料归档范围》[（87）教办字016号]的相关规定执行。
科研类	按原国家科委、国家档案局发布的《科学技术研究档案管理暂行规定》（国档发〔1987〕6号）执行。
基本建设类	按国家档案局、原国家计委发布的《基本建设项目档案资料管理暂行规定》（国档发〔1988〕4号）执行。
仪器设备类	主要包括各种国产和国外引进的精密、贵重、稀缺仪器设备（价值在10万元以上）的全套随机技术文件以及在接收、使用、维修和改进工作中产生的文件材料。
产品生产类	主要包括高等学校在产学研过程中形成的文件材料、样品或者样品照片、录像等。
出版物类	主要包括高等学校自行编辑出版的学报、其他学术刊物及本校出版社出版物的审稿单、原稿、样书及出版发行记录等。
外事类	主要包括学校派遣有关人员出席国际会议、出国考察、讲学、合作研究、学习进修的材料；学校聘请的境外专家、教师在教学、科研等活动中形成的材料；学校开展校际交流、中外合作办学、境外办学及管理外国或者港澳台地区专家、教师、学生等的材料；学校授予境外人士名誉职务、学位、称号等的材料。
财会类	按财政部、国家档案局发布的《会计档案管理办法》（财政部、国家档案局第79号令）执行。

四、编制档案保管期限表

（一）档案保管期限表的类型

　　档案保管期限表是以表册的形式，列举档案的来源、内容和形式，并指明其保管期限的指导性文件，它是档案馆（室）鉴定档案保存价值、确定档案保管期限的依据和标准。目前我国的档案保管期限表，按其适用范围，主要有五种类型。

1. 标准档案保管期限表

标准档案保管期限表，亦称"通用档案保管期限表"，由国家档案行政管理部门编制，供全国各机关、团体、企事业单位鉴定档案使用，是制订其他种类档案保管期限表的依据，如国家档案局制定的《机关文件材料归档范围和档案保管期限规定》《企业文件材料归档范围和档案保管期限规定》。

2. 专门档案保管期限表

专门档案保管期限表是由国家档案行政管理部门会同有关主管部门编制，供各机关、团体、企事业单位鉴定专门档案时使用，如文化部与国家档案局制定的《艺术档案保管期限表》，司法部与国家档案局制定的《司法档案保管期限表》等就属于这种类型。

3. 同系统机关档案保管期限表

同系统机关档案保管期限表是由主管领导机关编制，作为同一系统内各单位开展文件收集、整理和档案鉴定工作的依据和标准。如《中国人民解放军文书档案保管期限表》就属于这一类型。这种档案保管期限表必须经过本部门领导人批准后执行，并报送上一级档案行政管理部门备案。

4. 同类型机关档案保管期限表

同类型机关档案保管期限表是由档案行政管理部门编制，作为同一类型（如学校、医院、街道）各单位鉴定档案的依据和标准，如上海市教育局与上海市档案局制发的《上海市中小学档案案卷类目及保管期限表》就属于这一类型。

5. 机关档案保管期限表

机关档案保管期限表是各机关、团体、企事业单位根据本单位档案的具体情况编制，只供本单位鉴定档案时使用。本类型的保管期限表条款应涵盖本单位在工作活动中可能形成的所有文件，它是每一个单位文件立卷归档和档案鉴定时不可缺少的标准。

以上五种类型的档案保管期限表之间有一定的相互制约关系。标准档案保管期限表是制订其他四种档案保管期限表的依据，后四种档案保管期限表所确定的各类档案保管期限，只能与标准档案保管期限表中相应的保管期限持平或延长，不能任意缩短。而机关档案保管期限表，必须以前面四种档案保管期限表为依据。

（二）档案保管期限表的结构

档案保管期限表，通常由顺序号、条款（即归档范围）、保管期限、附注和说明等部分组成，其中，条款和保管期限是最基本的项目。为便于今后国家档案馆开展档案鉴定开放工作，对于党政机关，档案行政管理部门往往要求其在编制《文书档案保管期限表》时，另外增加一项"利用范围"的内容。

1. 顺序号

档案保管期限表的各条款按类别系统排列后，必须在各个条款前面统一编顺序号。编号的目的是固定各条款的排列位置，并作为鉴定人员使用档案保管期限表时引用条款的代号。编号方法一般使用层累编号法，如 1、1.1、1.2；2、2.1、2.2……

2. 条款

条款是一组类型相同的档案文件的名称或标题，即应归档文件材料的具体内容，每一条款应当代表一组有内在联系的价值相同的档案文件。一般一类文件材料称为一个"条款"，如党组会议记录、纪要。条款的拟制，要求简明扼要，力求用比较精炼的文字概括出一组档案文件的来源、内容和形式。必要时，在条款中应当指明档案文件的用途和可靠程度。条款不宜过多过细，若保管期限表条款数量较多，可以对条款做适当的分类，使条款条理清楚，便于工作人员查找使用。

3. 保管期限

保管期限是档案馆（室）根据档案鉴定标准对档案所确定的保存年限，保管期限的划分是档案价值鉴定工作的主要任务，也是衡量鉴定工作质量高低的主要标准。按国家档案局第8号令和第10号令规定，文书档案的保管期限分为永久和定期两种。定期一般分为10年、30年。专业档案保管期限另行规定。档案保管期限的年限是从文件产生后的第二年开始算起。

4. 附注

附注是在条款之下对条款及其保管期限所做的必要注解和说明。比如，对条款中"重要的"，可以注释为"重要的，是指方针政策性或重大问题的，具有科学历史价值的文件材料。"再如，一些合同、协议书的保管期限，往往需要从有效期满后算起，可以在保管期限后注明"失效后"的字样。

5. 利用范围

利用范围即由编制机关对保管期限为永久的档案满30年后是否可向社会开放提出"开放"或"控制"的意见，其中，"控制"的范围主要包括：标注"国家秘密"的档案、党政机关公务活动中的"工作秘密"以及涉及公民个人隐私的档案等。以机关文书档案和企业管理类档案为例，见表6-3、6-4、6-5。

表6-3 机关文件材料归档范围和文书档案保管期限表

序号	条款		
1	办公室		
1.1	党组会议记录、纪要	永久	控制
1.2	市政府组织召开、本机关承办的全市性工作会议	永久	开放
1.2.1	请示、批复、通知、名单、议程、领导讲话、重要的音像材料	永久	开放
12.2	交流发言材料、新闻统发稿、简报	30年	
1.3	本机关年度工作计划、总结	永久	开放

序号	条款		
……	……	……	……
2	组织人事处		
2.1	本机关及所属单位人员任免材料	永久	控制
2.2	本部门年度工作计划、总结	10年	
……	……	……	
3	研究室		
3.1	本机关开展的专项调研材料		
3.1.1	重大问题的	永久	控制
3.1.2	一般问题的	30年	
……	……	……	……

表6-4 企业文件材料归档范围和管理类档案保管期限表（按机构排列）

序号	归档范围	保管期限
1	办公室	
1.1	公司总经理办公会议文件材料	
1.1.1	通知、议程、报告、决议、决定、记录、公司领导讲话、总结纪要、讨论通过的文件材料、参加人员名单	永久
1.1.2	讨论未通过的文件材料	10年
1.2	公司年度工作会议文件材料	
……	……	……
2	投资发展部	
2.1	经营计划、决策文件材料	
2.1.1	公司中长期规划、纲要，重要的经营决策文件材料	永久
2.1.2	公司年度计划、总结、统计等文件材料	永久
2.1.3	公司半年/季度计划、总结、统计文件材料	10年
……	……	……
3	人力资源部	
3.1	人力资源管理工作文件材料	永久
3.1.1	公司人力资源规划、工作计划、制度、总结等	

序号	归档范围	保管期限
3.1.2	公司人员录用、转正、聘任、调资、定级、停薪留职、辞职、离退休、死亡、抚恤、安置等文件材料	永久
……	……	……

6-5 企业文件材料归档范围和管理类档案保管期限表（按职能排列）

序号	归档范围	
1	本企业设立、变更、解散过程文件材料（行政管理类）	
1.1	本企业筹办和设立的申请文件材料、政府相关部门批准设立本企业的相关文件材料	永久
1.2	本企业设立登记相关证照、证照变更登记文件材料	永久
……	……	……
2	本企业党组会、党组扩大会议文件材料（党群工作类）	
2.1	通知、议程、报告、决议、决定、记录、领导讲话、总结、纪要、讨论通过的文件材料、与会人员名单	永久
2.2	讨论未通过的文件材料	10年
……	……	……
3	本企业生产组织、质量管理、能源管理、设备管理、计量管理、科技管理、信息化管理等管理工作文件材料（生产技术管理类）	
3.1	生产组织与协调工作文件材料	
3.1.1	品订货合同管理文件材料	30年
3.1.2	产品生产许可证管理文件材料	永久
3.1.3	产品科研试验、产品验收管理文件材料	10年
……	……	……
4	本企业资本登记、资本变动、融资文件材料（经营管理类）	
4.1	国有资产管理部门对本企业国有资本金核算、确认、划转、变更的文件材料	永久
4.2	其他非国有组织或机构资本对本企业投资、投入核算登记、确认文件材料	永久
……	……	……

6.说明

一般应当说明保管期限表的编制目的、各个档案保管期限表的使用范围、制定档案保管期限表的依据、保管期限表的结构、保管期限的计算方法、保管期限表的批准时间和开始使用的日期及其他应当注意的事项。

（三）归档范围和保管期限的编制

1.确定归档和不归档的范围

（1）机关文件材料归档范围

①反映本机关主要职能活动和基本历史面貌的，对本机关工作、国家建设和历史研究具有利用价值的文件材料。

②机关工作活动中形成的在维护国家、集体和公民权益等方面具有凭证价值的文件材料。

③本机关需要贯彻执行的上级机关、同级机关的文件材料；下级机关报送的重要文件材料。

④其他对本机关工作具有查考价值的文件材料。

（2）企业文件材料归档范围

①反映本企业在研发、生产、服务、经营、管理等各项活动和基本历史面貌的，对本企业各项活动、国家建设、社会发展和历史研究具有利用价值的文件材料。

②本企业在各项活动中形成的对维护国家、企业和职工权益具有凭证价值的文件材料。

③本企业需要贯彻执行的有关机关和上级单位的文件材料，非隶属关系单位发来的需要执行或查考的文件材料；社会中介机构出具的与本企业有关的文件材料；所属和控股企业报送的重要文件材料。

④有关法律法规规定应归档保存的文件材料和其他对本企业各项活动具有查考价值的文件材料。

（3）机关文件材料不归档范围

①上级机关的文件材料中，有普发性且不需要本机关办理的文件材料，任免、奖惩非本机关工作人员的文件材料，供工作参考的抄件等。

②本机关文件材料中的重份文件，无查考利用价值的事务性、临时性文件，一般性文件的历次修改稿、各次校对稿，无特殊保存价值的信封，不需要办理的一般性人民来信、电话记录，机关内部互相抄送的文件材料，本机关负责人兼任外单位职务形成的与本机关无关的文件材料，有关工作参考的文件材料。

③同级机关的文件材料中，不需要贯彻执行的文件材料，不需要办理的抄送文件材料。

④下级机关的文件材料中，供参阅的简报、情况反映，抄报或越级抄报的文件材料。

（4）企业文件材料不归档范围

①有关机关和上级主管单位制发的有普发性且不需要本企业办理的文件材料，任免、

奖惩非本企业工作人员的文件材料，供工作参考的抄件等。

②本企业文件材料中的重份文件，无查考利用价值的事务性、临时性文件，未经会议讨论、未经领导审阅和签发的文件，一般性文件的历次修改稿、各次校对稿，无特殊保存价值的信封，不需要办理的一般性来信、来电记录，企业内部互相抄送的文件材料，本企业负责人兼任外单位职务形成的与本企业无关的文件材料，有关工作参考的文件材料。

③非隶属关系单位发来的不需要贯彻执行和无参考价值的文件材料。

④所属和控股企业报送的供参阅的一般性简报、情况反映，其他社会组织抄送的不需要本企业办理的文件材料。

⑤其他不需归档的文件材料。

需要说明的是，根据《企业文件材料归档范围和档案保管期限规定》规定，企业"不归档"文件材料为"可不归档"，是"可选"的意思，不是绝对不能归档，企业应当根据本单位实际情况具体分析判断。

2. 划定保管期限

区分档案是永久保管还是定期保管，主要看其内容是"重要价值"还是"一般价值"。判断"重要价值"的标准主要有三个：

第一，强调"以我为主"，即在本机关、本单位重要职能和主要活动中形成的。

第二，上级机关、上级主管单位来文中属于本机关、本单位主管业务或主营范围且需要贯彻执行的。

第三，具有政策法规性、凭证性、依据性的。

"一般价值"的文件材料主要是指材料内容所反映的是常规性、技术性、事务性方面的问题。

（1）永久保管的文书（管理类）档案

①机关、人民团体

本机关制定的法规政策性文件材料；本机关召开的重要会议、举办的重大活动形成的主要文件材料；本机关职能活动中形成的重要业务文件材料；本机关关于重要问题的请示及上级机关的批复、批示、重要报告、总结、综合统计报表等；本机关机构演变、人事任免等文件材料；本机关房产基建、土地征用、重要的合同协议、资产登记等文件材料；上级机关制发的属于本机关主管业务的重要文件材料；同级机关、下级机关关于重要问题的来函、请示与本机关的复函、批示等文件材料。

②企业

本企业设立、合并、分立、改制、上市、解散、破产或其他变动规程中形成的文件材料；本企业董事会、监事会、股东会的构成、变更、召开会议、履行职责和维护权益的文件材料；本企业资产和产权登记、评估与证明文件材料，资产和产权转让、买卖、抵押、租赁、许可、变更、保护等凭证性文件材料，对外投资文件材料；本企业资本金核算、确认、划转、变更等文件材料，企业融资文件材料；本企业关于重要问题向有关机关和上级主管单位的请示、报告、报表及其复函、批复；有关机关和上级单位制发的需要本企业办理的重要文件材料；行业协会、中介机构等对本企业做出的重要决定，出具的审计、公证、裁定等重要文件材料；本企业与其他组织和个人形成的重要合同、协议及补充协议等文件材料；本企业发展规划、战略决策、重大改革、年度计划和总结文件材料；内部管理制度、规定、办法等文件材料；本企业机构演变、人力资源管理的重要文件材料；本企业涉及职工权益的其他重要文件材料；企业文化建设文化材料；本企业经营管理、生产技术管理、行政管理、党群工作的重要文件材料；新闻媒体对本企业重要活动、重大事件、典型人物的宣传报道；有关机关和上级主管单位领导、社会知名人士等重要来宾到本企业检查、视察、调研、参观时的讲话、题词、批示、录音录像、照片及企业工作汇报等重要文件材料；本企业参与国家和社会重大活动的重要文件材料；本企业职工参加省级以上党、团、工会、人大、政协等代表大会形成的重要文件材料；本企业直属单位及所属、控股、参股、境外企业和机构报送的关于重要问题的报告、请示和批复等文件材料。

（2）定期保管的文书（管理类）档案

①机关、人民团体

本机关职能活动中形成的一般性业务文件材料；本机关召开会议、举办活动等形成的一般性文件材料；本机关人事管理工作形成的一般性文件材料；本机关一般性事务管理文件材料；本机关关于一般性问题的请示与上级机关的批复、批示，一般性工作报告、总结、统计报表等；上级机关制发的属于本机关主管业务的一般性文件材料；上级机关和同级机关制发的非本机关主管业务但要贯彻执行的文件材料；同级机关、下级机关关于一般性业务问题的来函、请示与本机关的复函、批复等文件材料；下级机关报送的年度或年度以上计划、总结、统计、重要专题报告等文件材料。

②企业

本企业资本金管理、资产管理的一般性文件材料；本企业涉及职工权益的一般性文件材料；本企业部门工作或专项工作规划，半年、季度、月份计划与总结等文件材料；本企业召开会议、举办活动的一般性文件材料，发布的一般性公告；本企业经营管理工作中的一般性文件材料；本企业生产技术管理工作中的一般性文件材料；本企业行政管理工作中的一般性文件材料；本企业党群工作的一般性文件材料；本企业关于一般性问题向有关机关和上级主管单位的请示、报告、报表及有关机关和上级主管单位的复函、批复；有关机关和上级主管单位、行业协会制发的需本企业贯彻执行的一般性文件材料和对本企业出具的一般性证明文件；本企业与其他单位和个人形成的一般性合同、协议文件材料；直属单位、所属和控股企业一般性问题的请示、报告、来函与本企业的批复、复函等文件材料；本企业参与国家和社会活动的一般性文件材料；本企业职工参加省以上党、团、工会、人大、政协等代表大会形成的一般性文件材料；本企业接待重要来宾的工作计划、方案等一般性文件材料。

（四）编制工作原则

1. 一致性原则

档案保管期限表的体例和结构，原则上应当与一个单位的档案分类方案保持一致。比如，一个机关的档案分类方案采用的是"年度—机构"分类方法，就应按照机关内设部门逐个编制并形成总表；如果采用的是"年度—问题"分类方法，则应当围绕"问题"所涉及的相关工作部门梳理归档材料。

在实际操作中，内设部门较多的机关、人民团体一般按照"机构"编制保管期限表；内设部门较少，分工又不是很明确的机关、人民团体可按照"问题"编制；国有企业总部或部门、职能调整不频繁的非生产型企业，可参照机关的做法，按照"机构"或"职能"（即"党群工作""行政工作""生产管理工作""经营管理工作"）编制《企业管理类档案保管期限表》；生产经营型企业建议按照"职能"编制，可更直观地反映企业的历史面貌和职能活动；事业单位可结合单位性质和档案工作实际编制，比如，具有行政管理职能且属于国家档案局8号令规定的审查范围的事业单位，应当按照机关的做法编制档案保管期限表；高等学校应当根据《高等学校档案实体分类法》《高等学校教学文件材料归档范围》和《高等学校档案管理办法》的有关规定进行编制；科学技术研究单位可参照企业的做法进行编制。

有垂直领导关系的机关和事业单位应当按照上级主管部门的要求编制文件材料归档范围和档案保管期限表。

2. 全覆盖原则

各单位在编制档案保管期限表时，应对本单位各类应归档文件材料进行一次全面梳理，既要包括上级、本级、同级、下级单位的"红头文件"（编文号的文件），也要包括本单位各类会议、调研、统计、分析、外事、出版、资本经营、市场营销以及内部请示、报告，上下级部门之间的沟通协调等这些无文号、容易被忽视的工作材料；既要包括传统纸质材料，也要包括音像、电子、实物等其他载体形式的材料；既要包括文书材料，也要包括科技、专门等其他门类的材料，如科研、产品、会计、基本建设、设备仪器，不能偏废，也不要遗漏。总之，在确定编制范围时，不能简单局限于规定报审的归档范围和档案保管期限。

3. 以我为主原则

要突出立档单位的主体地位、职能特色、主要业务，体现"我"即"本单位"形成的文件材料的重要性和价值性，避免照搬照抄《文书档案保管期限表》原文或其他单位范本，造成同类单位千篇一律。

此外，以我为主原则还体现在保管期限上。通过区分本单位行文与上级来文、同级来文、下级来文的保管期限，主办单位和协办单位文件材料的保管期限，避免将来各单位档案移交国家档案馆后出现重复，从而达到优化国家档案馆馆藏的目的。

4. 以人为本原则

在编制归档范围时，要注意充实涉及与公民利益、职工权益等有关"人"的文件材料，在划分保管期限时，对于这些条款要适当上调保管期限，尤其是与公民利益、职工权益有关的档案，一般定为永久保管。

5. 动态原则

一个单位编制完成的档案保管期限表并不是一成不变的，如果机关内设机构或工作职能、企业的资本结构或主营业务发生较大变化时，应当及时做相应修订和调整。

（五）编制工作要求

1. 注重操作性

对于一个机关、单位来讲，应当尽可能对归档范围进行明确界定，尽量少用按来源组织材料的方法，如"上级机关制发的文件材料""下级机关的来文"等这样的条款，或者用"重要的""一般的"这样容易交叉的模糊概念。尽可能采用文件材料与本部门职能关联的方法，用地区范围、行政级别、时间、金额等量化标准代替"重要的"和"一般的"表述方式。

2. 注重系统性

系统性包括两方面：一是内设机构排列的系统性，机关、人民团体应以"三定方案"为依据（或按照综合部门、业务部门、事务性部门依次排列），企事业单位应按照机构设置次序排列，一般为综合部门、业务部门、事务性部门、所属单位；二是每一个机构（或一个问题、一项职能）下文件材料条款排列的系统性，一般按照一作制度材料、中长期规划、年度计划总结材料、会议材料、具体业务材料、事务性材料、统计材料等依次排列，避免打乱造成遗漏。具体参考表6-6。

表6-6 文件材料归档范围和文书档案保管期限表

序号	归档范围	保管期限
5	国际事务部	
5.1	公司外事工作规定、制度、总结	永久
5.2	公司外事工作规划、计划	30年
5.3	公司外事工作会议文件材料	
5.3.1	会议通知、议程、报告、纪要、领导讲话等	永久
5.3.2	会议交流材料	10年
5.4	出访考察、接待来访等外事活动文件材料	
5.4.1	申请、审批材料	永久
5.4.2	活动日程	30年

序号	归档范围	保管期限
5.5	2013年度出访考察、接待来访等外事活动统计表	永久
……	……	……

3. 注重灵活性

国家档案局8号令附件《文书档案保管期限表》中有个别条款比较原则，设定的档案保管期限与文件材料的价值略有差异，因此，在编制本单位的档案保管期限表时应结合实际灵活操作。例如，有的工作简报，其保管期限为10年，但现实工作中，有一些情况反映或工作专报涉及重大问题，十分重要，各单位可对此条款内容做进一步细化，将涉及重大问题的情况专报的保管期限上调为永久或30年。

国家档案局10号令附件《企业管理类档案保管期限表》中，除了涉及企业全局和部分重要工作的"计划"定为永久外，大部分工作的"计划"定为30年，这是因为"计划"发生在事前，不如"总结"查考价值大，"方案"也同此理。各单位在实际操作中，还可根据部门职能的重要程度，划定"计划"的保管期限。

（六）编制工作程序

1. 准备工作

在编制文件材料归档范围和档案保管期限表前，应组织编制人员学习有关规定，在正确把握有关规定精神的基础上，对各部门、处室的工作职能、主要任务、业务分工、挂靠机构等开展调研和梳理。机关、人民团体可列出各部门、处室职能工作活动可能形成的文件材料大类，如会议材料、活动材料、制发的业务文件材料、行政审批材料、调研材料、财务管理材料、组织人事管理材料、后勤事务材料；企业可参照机关按机构列出各部门、处室文件材料大类，也可按企业职能列出经营管理、生产技术管理、行政管理、党群管理下一级类目材料，如党群管理类材料可分为党务工作材料、组织工作材料、宣传工作材料、统战工作材料、纪检工作材料、工会工作材料、共青团工作材料。

2. 起草工作

在确定各部门、处室（或问题、职能）文件材料大类的基础上，细化各类文件材料的具体内容，如内部工作会议材料可细化为通知、名单、议程、会议记录、纪要；大型会议的材料内容可丰富些，如请示、批复、通知、名单、议程、报告、领导讲话、交流发言材料、审议的草案、决议、简报。根据各类材料内容的重要程度，初步确定档案保管期限。

3. 征求意见

初稿编制完成后，应当充分征求各部门、处室负责人及兼职档案人员、业务经办人员的意见，反复讨论修改，并由部门、处室主要负责人审核确认，确保重要应归档文件材料不遗漏，尤其是本单位红头文件以外的工作统计材料、调研材料、内部管理材料、下级单位上报的重要材料等均纳入归档范围，档案保管期限划分科学。

4. 审等比执行

根据国家档案局8号令、10号令规定，机关、人民团体、具有行政管理职能的事业单位编制或修订机关文件材料归档范围和文书档案保管期限表，以及国有企业总部编制或修订企业文件材料归档范围和管理类档案保管期限表须报同级档案行政管理部门同意后执行；对非国有企业、不具有行政管理职能的事业单位无此要求。此外，企业应按照归属关系，指导所属单位编制企业文件材料归档范围和管理类档案保管期限表，并对其进行审批。

第二节　人事档案管理实务

人事档案是组织、人事、劳动（或人力资源管理）部门在人事管理活动中形成的，记述和反映人员经历、德能勤绩和工作表现的，以个人为单位集中保存备查的各种方式和载体的历史记录。人事档案是历史地、全面地考察了解和正确选拔使用职工的重要依据，是国家档案的重要组成部分。我国的干部（公务员）、职员、工人、学生（从中学开始）、军人都建立了人事档案，其主体是干部和工人档案。人事档案工作是人事管理工作的一个组成部分，又是一项专门档案的管理工作，有着特殊的管理要求和内容。

一、人事档案的内容

人事档案属于一种专门档案，包括干部档案、工人档案、学生档案和军人档案四大类。根据中共中央组织部、国家档案局颁发的《干部档案工作条例》的规定，人事档案的类别及内容包括以下几类：第一类，履历材料；第二类，自传材料；第三类，鉴定、考核、考察材料；第四类，学历和评聘专业技术职务材料（包括学历、学位、学绩、培训结业成绩表和评聘专业技术职务、考绩、审批材料）；第五类，政治历史情况的审查材料（包括甄别、复查材料和依据材料，党籍、参加工作时间等问题的审查材料）；第六类，参加中国共产党、共青团及民主党派的材料；第七类，奖励材料（包括科学技术和业务奖励、英雄模范先进事迹）；第八类，处分材料（包括甄别、复查材料，免予处分的处理意见）；第九类，录用、任免、聘用、转业、工资、待遇、出国、退（离）休、退职材料及各种代表会代表登记表等材料；第十类，其他可供组织上参考的材料。

按照规定，人事档案以个人为单位组成专卷，分为正本和副本。正本由全面反映一个人的历史和现实情况的全部人事档案材料所构成；副本是人事档案正本主要材料的复制件，其具体内容由正本中以下主要材料的复制件（或重复件）构成：第一类的近期履历材料；第三类的主要鉴定、考核材料；第四类的学历、学位和评聘专业技术职务的材料；第五类的政治历史情况的审查结论（包括甄别、复查结论）材料；第七类的奖励材料；第八类的处分决定（包括甄别、复查结论）材料；第九类的任免呈报表和工资、待遇、出国审批材料。其他类别如有重复的材料，也可归入副本。正本主要供主管干部的组织部门保管使用；副本主要供协助管理干部的人事部门保管使用。

二、人事档案的特点

（一）真实性

人事档案是组织了解和使用干部、职工的重要依据。真实性是人事档案的生命，也是发挥其作用的基础和前提。人事档案的真实性是指档案从来源、形式和内容等方面都必须是完全真实的；人事档案记述的内容必须符合客观情况，不得有虚假、夸张、想象的成分，要能够真实地反映一个人的面貌。人事档案材料主要由人事、组织、劳资等部门在人事管理活动中形成，它是个人经历、学历、社会关系、思想品德、业务能力、工作状况以及奖励处罚等方面的原始记录，是个人参与社会方方面面活动的记载和个人自然情况的真实反映。因此，真实性是档案的生命，任何不真实的档案都会误国误民，贻害无穷。然而，出于档案当事人自身利益考虑，近些年来人事档案材料内容失真情况比较普遍，突出的是"三龄一历"的造假问题，即有些人在自传和履历表中，年龄填得越来越小，参加工作时间和入党时间越填越早，学历越填越高。

（二）动态性

人事档案的动态性表现为两个方面：第一，人事档案随着个人社会实践活动的发展变化，其数量不断增加，内容日益丰富。例如：在工作中，各单位的人事部门需要对人员进行培训、考核、任免、奖惩等，在这些活动中必然会形成相应的人事档案。第二，人事档案会随着人员的流动或人员主管机关的变动发生转移，以实现对人员不间断的管理。

（三）机密性

人事档案的内容记载了人员不同时期的各方面情况，包括自然状况、个人素质、工作情况、兴趣爱好、成绩错误等，其中会涉及一些国家机密、单位的内部情况或个人的隐私，因此具有机密性。为了维护国家的安全、单位的利益以及个人的权益，人事档案管理要严格遵守国家的有关规定，防止失密和泄密。

三、我国人事档案管理的现状及存在的问题

在我国，从西周开始有人事档案的雏形，到隋唐已经形成较完备的专门人事档案。然而，人事档案管理工作真正开展起来，还是在新中国成立之后。我国现行的人事档案管理体制是一种分散式的管理体制，有的人事档案由组织部门管理，有的由人事部门管理，有的由劳动部门管理，有的由科研处管理，有的由学生工作处管理，有的由卫生部门管理。没有一个统一的管理机构和统一的管理办法，同时，还有可能出现重叠和交叉。这就给我国的

人事档案管理带来了很大的麻烦，造成了一定程度的混乱，为虚假档案的滋生提供了土壤。

我国现行的人事档案管理中由于管理体制以及管理思想方面的原因，存在着一系列的问题，主要体现在下面几个方面：

首先，人事档案的内容存在空泛、不真实等问题。现在的人事档案中，成绩多是千篇一律的政治套话，缺点极少提及，偶有提出，也是千人一面的希望之词。从个人的人事档案中，看不出干部因为什么业绩提升，技术人员因为什么专长被聘用，严重影响了对人事档案的利用。更为严重的是，现在的人事档案中有不少不真实的虚假材料和信息。在同一份人事档案重复多次出现的个人履历中，参加工作的时间越填越早，学历越填越高，工作经历也不尽一致，有些评语鉴定材料还存在严重失真现象，这就动摇了人事档案的权威性，加之现行的人事档案管理实行本人回避制度，个人无法了解自己人事档案中的内容，失真的人事档案将对个人的一生产生深刻的影响。

其次，死档、弃档现象严重。正是由于人事档案存在着严重失真的现象，致使出现了一种"现代淡泊观"的思想，认为人事档案可有可无，只要个人有专长，没有档案一样可以走遍天下，这就出现了"弃档一族"。主动"弃档一族"主要是大专院校和科研院所的人员和企业中的专业技术人员，这些个人能力比较强的专才为了需求更好的发展机会和发展空间，在原单位不同意放人的情况下，主动放弃人事档案，接受一方为了吸引人才，也对人事档案不去计较，甚至会重新为其建立一份人事档案。然而，人事档案是用人的一生来填写的，是随着人的成长过程和经历而完善和丰富起来的，很多东西是只在档案中保存一份的，那么，这种擅自建档行为就严重地削弱了人事档案的真实性与权威性。另外，由于人事档案的内容空泛失真，有些企业在招聘人才的时候并不强调人事档案，致使一些人主动放弃对自己不利的人事档案。人事档案内容的不真实造成了死档、弃档，死档、弃档又使人事档案的内容变得更加不真实，这就进入了一个恶性循环。

最后，人事档案信息开发利用程度较低，未发挥应有的作用。由于人事档案具有机密性，加之在人事档案管理中"传统神秘观"的思想一直占据主导地位，利用人事档案的审批手续比较严格，限制也比较多，因此使得利用率很低，许多人事档案除了在职称评定、工资晋升时利用外，长期沉睡在档案箱里。同时，人事档案内容的不真实性使得更多的人不相信档案中的信息，在选用人才的时候，更多的是通过考试等真实可信的方法来决定取舍。综合这些因素，使得我国现在人事档案的利用程度较低，人事档案根本不能发挥其应有的作用。

合理利用人事档案，重视知情权赋予我国人事档案管理中存在的这些问题，当然是由很多原因造成的，但最重要的，是人事档案管理和利用当中的知情权的缺失。为了更好地解决这些问题，提高对人事档案的管理和利用，我们就必须加强对人事档案知情权问题的研究。所谓人事档案的知情权，主要是指当事人合法拥有的对人事管理部门保管的有关自己的档案材料状况及其利用情况等进行知晓的权利，用人单位合法拥有的对其员工人事档案记录内容的客观真实程度的知晓的权利。很显然，人事档案的知情权，不仅是指给予当事人自己的知的权利，同时也是给予单位对其员工的人事档案的知的权利。第一层意思很好理解，因为我们一直在"传统神秘观"的指导下实行本人回避制度对人事档案进行管理，所以，知情权赋予，首先是要赋予当事人以本人人事档案的知情权；第二层意思似乎不是很好理解，人事档案中的很多材料都是在工作单位形成的，而且，人事档案很多都是由工作单位来保管，单位天然的就具有知情权，可是，由于大量虚假不实的档案内容的存在，使得单位无法了解到真实的个人信息，给人事档案的利用造成很大的障碍。这就需要赋予单位以真正意义上的知情权，使得他们可以了解到真实可信的信息。为了合理利用人事档案，真正赋予这两类主体以知情权，我们要从以下方面着手进行。

首先，从思想上解决人事档案知情权缺失的问题，摒弃人事档案管理中长期存在的"传统神秘观"和"现代淡泊观"，从思想上解放。我们既不能把人事档案神秘化，对其遮遮掩掩，也不能视如废纸，弃如敝屣。正确的做法是，对那些涉及国家机密的部分，严格实行保密制度，不允许任何个人和单位查阅，除非政治需要；对那些本人应该知道的部分，允许本人查阅，充分给予个人对本人人事档案的知情权，这样不仅可以让本人很好地了解自己的档案资料，也可以从另一个角度监督人事档案内容的真实性，防止一些恶意损害他人名誉的虚假信息出现在人事档案中，还给用人单位一份真实可信的人事档案，更好地赋予用人单位以人事档案的知情权。我们强调知情权的赋予，并不是否定人事档案的保密性质。对于人事档案中的一些需要保密的个人信息，还应该实行严格的保密制度。除非有特殊情况（如司法需要），其他个人或单位无权查看他人人事档案，也就是说，档案保管部门有为当事人人事档案保密的义务，不能随意移交和利用被保管的人事档案，对他人公开被保管的人事档案必须经本人同意。档案的知情权仅仅是对个人档案的知情权，而不是窥探别人隐私的权利，不能借实现人事档案知情权这一顶大帽子来达到某些个人和单位随意查看人事档案的目的。所以，在赋予人事档案知情权的同时，我们要更好地保护个人的隐私权。知情权揭去了长久覆盖在人事档案上的那层神秘的面纱，让人事档案在阳光下变得更真实；隐私权让人们在了解自己的同时得到保护，呼吸得更自如。由此看来，知情权和隐私权是相生相长的。

其次，赋予用人单位知悉本单位员工真实档案的权利，这是人事档案知情权当中非常重要的一部分内容。随着人事档案内容的不断丰富，利用范围的不断扩大，用人单位在选用人才的时候，开始更多地关注人事档案中反映的信息，这就要求有一份真实的人事档案。要想获取真实的人事档案，首先就要求人事档案的内容真实可信，不存在虚假成分。人事档案中的很多材料都是由本人填写而形成的，由于存在信息不对称的情况，用人单位无从知道这些由本人填写形成的材料是否真实。由此，可能造成个人不诚实填写个人信息的情况，如，有些人事档案中的学历越填越高，年龄越填越小；另外，一些写评语材料的人，由于种种原因考虑，有时会夸大其词地表扬或者批评某个人，这些都会造成用人单位无法了解到员工的真实情况，使用人单位的知情权受到严重限制。为了解决这一问题，可以建立档案复核制度或审核制度，保证本人所填写的材料的连贯性、一致性及真实性，同时，建立公开评议制度，把评语等对个人的评价材料经公开评议并经本人签字认可之后再存入档案。

最后，解决个人查看本人档案的问题，从根本上真正赋予个人对本人的人事档案的知情权，提高人事档案的利用效率。这并不是说任何人任何时间都可以随意查阅，这样会大大加大档案管理者的工作量，也没有现实意义。可先提出申请，说明正当理由，然后安排时间及查阅内容来查阅本人的人事档案。档案管理部门应尽量及时免费地满足公民合理的查阅要求，不应让一道道关卡及高额收费把公民挡在查阅范围之外，使查阅本人档案形同虚设。另外，可以实行部分档案公开制度，把一部分不需要保密的但又是本人需要了解的档案内容放到互联网上，仅给本人查阅权限，方便当事人查阅。随着社会主义市场经济的进一步发展，人事档案的内容将不断得到充实和完善，现代人事档案不仅体现出一个人的政治面貌，更体现出一个人的专业素质、能力等多方面的信息，政府、企事业单位对人事档案的利用范围和利用程度也在加大加深，这就要求我们更科学合理地对人事档案进行管理，赋予各个层次的主体以人事档案的真正知情权，让人事档案更好地发挥其应有的作用。

四、人事档案的收集和鉴别

（一）人事档案的收集

收集人事档案材料，充实人事档案内容，是贯穿于人事档案工作始终的一项经常性工作。收集人事档案材料，政策性强、涉及面广，难度较大。它不仅是人事档案部门的任务，也是形成人事档案材料部门的任务，必须得到各方面的密切配合才能做好。人事档案的收集是指人事档案管理部门根据本单位人事管理权限及人事档案的收集范围，将有关部门形成的人事档案集中接收、统一保管的工作。应该注意的是人事管理工作和其他工作中形成的人事文件很多，但并不都需要归档。为了使人事档案达到"完整、真实、精练、实用"的要求，应将属于反映个人政治思想、品德作风、业务能力、工作表现、业绩贡献等情况的人事档案作为收集重点。

1. 收集的途径

人事档案材料的形成不仅仅局限于组织、人事、劳动部门，凡是与人事管理活动有关的部门都有可能产生人事档案材料。摸清人事档案材料的来源，才能做到有的放矢。当前，人事档案材料主要通过以下途径收集：

通过组织、人事部门收集人事工作中形成的人事档案，例如：各种履历表、简历表、登记表，鉴定、考核、考绩、任免、调动、晋升技术职称、提干、调整工资级别、出国、离休、退休等方面的材料。

通过员工所在党团组织收集入党、入团、退党、退团、评议、奖励、处分、审批等方面的材料，如加入共产党或共青团的申请书、志愿书、登记表、自传以及外调和表决文件等。

通过党代会、人代会、政协会以及工会、共青团、妇女联合会等群众团体代表会议的筹备部门或临时机构收集代表登记表、委员登记表和个人政绩材料。

通过教育、培训部门收集学生（学员）登记表、成绩单、毕业登记表、授予学位的材料、学历证明或证书（复印件）、鉴定等材料。

通过纪检、监察、司法及有关部门收集处分或免予处分的决定、查证核实报告、上级批复、个人陈述或检查、法院判决书等材料。

通过本人或报纸杂志及有关部门收集发明创造、科研成果、著作、译著和有重大影响（如获奖）的论文等的目录。

通过卫生部门收集工作人员因病、工伤及其他事故致残的体检表或有关材料，通过治丧部门或临时机构收集去世者的悼词（生平）、公开报道、非正常死亡的调查报告（遗书）等材料。

2．收集的方法

（1）建立、健全人事档案收集制度

人事档案的形成单位分散，形成时间不固定，这给及时、全面地收集人事档案增加了难度。为此，必须建立收集工作制度，使之制度化，以保证人事档案的齐全、完整。人事档案收集制度包括：

索要制度。应确定与本单位人事档案形成有关的部门，经常与其保持密切的联系，采取电话、发函或登门等方式索要应归档的人事档案。

检查核对制度。应根据本单位人事档案数量情况，确定检查核对的周期。例如：每季度、半年或一年对人事档案进行一次检查。对缺少的材料进行补充；不符合要求的材料要重新制作或补办手续；对不属于归档范围的材料进行清退等。

登记制度。包括收文登记和送交单位填写移交清单，作为转出或接收的底账。建立登记制度是为了掌握人事档案的数量、成分和去向，避免遗失和散落。

补充材料的制度。为了及时掌握干部和职工有关的情况变化，组织、人事或劳资部门应不定期地对人事档案进行补充，如统一布置填写履历表、登记表等。

（2）根据中心工作，集中收集人事档案

各单位的人事部门在不同时期有不同的中心工作，如每年的职工录用、年末的干部和职工考核、每年一定阶段的职称评定等，这时应把握时机，及时地收集在这些中心工作中形成的人事档案。

（3）疏通收集渠道

人事档案管理部门应注意与有关单位保持经常的联系，向它们宣传人事档案的收集范围和收集工作的意义。同时，通过会议或业务指导的形式，使有关单位熟悉人事档案收集范围，增强责任心，主动协助人事部门做好收集工作。

（4）跟踪收集

在收集、整理和鉴别人事档案的过程中，有时会发现缺少文件的情况，这时人事部门要根据有关线索，索取补充档案材料。

（二）人事档案的鉴别

人事档案的鉴别是指人事档案的管理部门根据人事档案的归档范围和要求，对收集起来的文件进行审查甄别，判定文件真伪和保存价值，确定能否归档。它是维护人事档案真实性和完整性的重要手段。鉴别是系统整理的基础和前提，也是保证人事档案材料完整、精炼、真实的重要手段。鉴别工作的好坏直接决定着人事档案质量的优劣，对能否正确贯彻人事政策也有一定的影响。它是一项非常重要的工作，在人事档案工作中占有特殊的地位。

1. 人事档案鉴别工作的内容

（1）判定文件是否属于人事档案

由于各种原因，在人事档案管理部门收集来的材料中，有些是人事档案，有些则属于行政文件或业务文件等。鉴别工作的任务之一就是将人事档案和非人事档案区分开来，各归其位。

（2）判定是否属于同一对象的人事档案

人事档案是以员工的姓名为标志进行整理和保管。因此，在确定文件是否归档时，应核实清楚人事档案的对象，避免因相同姓名而张冠李戴，或一人多名而将档案材料分散的现象。

（3）判定归档的文件是否为处理完毕的正式文件

未经办理或未经查证核实的文件材料不得归档。

（4）判断材料是否真实、准确

人事档案的内容必须真实、准确。如果在鉴别中发现内容不实、观点不明、表达含混或相互矛盾的材料，都应退回形成单位进行核实或修改。

（5）审核文件是否手续完备

凡规定经组织盖章的文件，须有组织的印章；组织鉴定、政审结论、处分决定、考核文件等须经本人见面或签字的，必须有本人签字或组织注明已经本人见面；任免呈报表、录用或聘用审批文件，必须注明批准机关名称、时间和文号。

（6）核查归档文件的质量

核查的内容有：归档文件是否内容完整、文字清楚、对象明确，是否注明作者（单位）、时间。如果发现文件不完整，要补充收集；对于文字不清、对象不明、无作者和时间的文件，要退回形成单位，进行更换。

（7）判定文件是否有保存价值

第一，一般情况下，凡属于归档范围的办理完毕的正式文件，对象清楚、内容真实完整、文字清楚、手续完备的都具有保存价值。第二，还要审查文件是否有重复。一般来说，重复文件可不加保存。第三，审查文件是否具有查考使用价值，凡使用价值不大或没有使用价值的文件不归档。

2．对不符合归档要求的材料的处理

（1）转出

经鉴别凡属于非人事档案或非员工本人的材料，均应将其转给有关单位保存或处理。文件转出时，应填写转递材料通知单。

（2）退回

对于内容需要核实或手续不够完备的文件，均应提出具体意见，退还有关单位，待修改、补充或完备手续后再交回。凡退还本人的材料，要经领导批准后退还本人；退还时应履行清点和签字手续。

（3）留存

对于不属于人事档案归档范围而具有参考价值的文件，经过整理后，可以作为组织、人事部门的业务资料予以保存。

（4）销毁

无保存价值和重复无用的材料，应按有关规定履行相应手续后作销毁处理。销毁时要认真审查，逐份登记，并说明销毁的理由，经主管领导批准后，进行销毁。

第三节　会计档案管理实务

一、会计档案概述

（一）会计档案的定义

会计档案是机关、企业、事业单位或其他经济组织在经济管理活动中产生的会计凭证、会计账簿和报表等具有保存价值并作为历史记录保存起来的会计核算专业材料。其定义含义如下。

1．会计档案的来源广泛

会计档案的形成者来自四面八方，既有企业、事业单位，又有各种社会组织、社会团体，既有近些年发展起来的个体工商户、专业户，又有中外合资企业等。可以说，凡是有经济活动的地方与单位，就会产生会计档案。

2．会计档案是会计核算的产物

会计核算是对会计对象进行连续、系统、完整的记录和计算。需要核算的每一项经济活动必须严格地以凭证为依据，按规定的手续填制凭证，并按照有关政策和制度的规定审核经济活动是否合理、合法；设置科学的账户体系，对经济活动的内容进行归类反映；根

据账簿记录对核算资料进行整理汇总，按照规定的指标和格式制成具有内在联系的报表体系，作为日常核算的集中和概括。凭证、账簿和报表都是在会计核算活动过程中形成的，是科学地组织会计核算的需要。

3. 会计档案的主要成分是会计凭证、会计账簿和财务报告（会计报表）

会计档案的内容和成分主要是指会计凭证、会计账簿和财务报告（会计报表）。除此之外，一般不应属于会计档案的范围。只有通过会计凭证、会计账簿和财务报告（会计报表）这个统一的会计核算体系，才能对企业、事业单位、机关和团体的资金周转活动进行连续的、系统的、全面地反映和监督。

（二）会计档案的特点

会计档案与其他类型的档案相比较，有以下几个特点。

1. 广泛性

从形成会计档案的部门与单位来看，凡是具备单独会计核算的单位都会产生会计档案。全国能独立核算的单位有几百万个，各级国家机关、事业单位几十万个，各级财政税务机关有几万个。全国国有企业和行政事业单位有预算会计人员几百万人。这些单位，每天都在发生大量的会计事项，每年产生的会计凭证、会计账簿和财务报告（会计报表）等会计档案以于万吨计，会计档案产生与使用的广泛性是它的一大特点。

2. 严密性

会计工作有严密的法规和规章制度做保障。会计档案是会计核算的产物，它与会计核算中的每项具体细致工作息息相关，没有会计核算这个环节，也就无所谓会计档案。从会计档案的内容和程序来看，它是先有会计凭证，然后依据会计凭证填写会计账簿，最后根据会计账簿编制财务报告（会计报表），在反映经济活动与财务收支方面，一环扣一环，具有连续性，联系十分紧密。一项经济活动或一项财政开支，从其业务发生到结束上报，连续地进行记录，对一连串的数字进行正确地计算、综合和分析。在一系列程序中，会计凭证、会计账簿和财务报告（会计报表）密切联系，不能脱节。这种内容与程序的严密性远远超过了普通档案。

3. 稳定性

会计系统包括工业会计、农业会计、商业会计、银行会计、行政事业单位会计等，门类很多，遍布生产流通和非生产流通各个领域。尽管会计档案内容与种类繁多，但是它的基本成分只有三个方面：会计凭证、会计账簿和财务报告（会计报表）。这种成分的稳定性是区别于其他类型档案的重要标志之一。

（三）会计档案的作用

会计档案是在会计工作中形成的，会计工作又是由于管理经济的需要而产生的，因此会计档案在经济活动中具有重要作用。

1. 提供数据、资料

会计档案可以为制订经济计划、进行经济可行性研究、做出经济决策、领导经济工作提供各种有用的信息，为研究、指导国家经济建设提供可靠的数据和可比性资料，某些会计档案还对国家制定经济政策有重要的参考作用。

2. 提供决策依据

会计档案以大量的原始数据为各企业、事业单位的财务工作和生产经营提供决策依据。

3. 监督作用

会计档案对保护国家财产、监督执行国家财务制度和财经纪律有着重要作用，是查处经济案件、打击经济领域犯罪活动的有力工具。

4. 提供研究史料

会计档案是研究经济发展，总结财政工作的经验教训的可靠史料。

（四）会计档案工作

会计档案管理工作依靠财会部门和档案部门的紧密配合，按照《会计档案管理办法》和《会计人员职权条例》等有关法规的规定，与各级档案部门一道，建立、健全会计档案管理制度，以确保会计档案工作为国家经济建设服务。

1. 会计档案工作的管理体制

由于会计档案工作的特殊性、会计档案形成的复杂性，会计档案的管理就需要财会部门与档案部门的密切配合。

（1）财政部与国家档案局负责全国的会计档案事务。党的十一届三中全会以后，全党工作的重点转移到以经济建设为中心的社会主义现代化上来，会计作为管理经济的重要组成部分和监督经济建设的重要手段，会计档案作为国民经济宏观决策的科学依据，渐渐被人们所重视。1984年4月24日，财政部颁布了《会计人员规则》（以下简称《规则》），对建立会计岗位责任制、使用会计科目、填制会计凭证、登记会计账簿、编制会计报表、管理会计档案、办理会计交接等事项都做了具体规定。《规则》第一次把"管理会计档案"作为会计人员的重要职责之一。同年6月1日，财政部、国家档案局联合制发《会计档案管理办法》，并于1998年8月21日经财政部、国家档案局重新修订，1999年1月1日施行的《会计档案管理办法》对会计档案的立卷、归档、保管、调阅与销毁都做了明确规定。1985年1月21日，由第六届全国人民代表大会常务委员会第九次会议通过颁布的，1999年10月31日第九届全国人民代表大会常务委员会第12次会议修订，2000年7月1日施行的《中华人民共和国会计法》对会计档案管理规定了明确的条款，使我国会计档案的管理纳入了法制建设的轨道。

（2）地方财政和档案业务管理机关对会计档案实行指导、监督和检查。随着国家有关部门对会计档案管理的重视，各省、市、自治区、直辖市的财政部门与档案部门密切配合，在财政部和国家档案局的领导下，结合有关文件以及各地的特点制发会计档案管理的地方性文件，从而便于实行对会计档案管理的指导、监督与检查。

（3）基层财务会计部门与档案室具体管理会计档案。基层财会科室是直接产生会计档案的部门，它们按照国家财政制度和本单位经济管理的需要开展各项会计业务活动。由于会计档案形成和管理的特殊性，会计档案在相关年度查考利用率比较高。按照《会计档案管理办法》的规定，当年的会计档案在会计年度终了后可暂由本单位财务会计部门保管1年，期满后，原则上应由会计部门移交本单位档案室保管。档案室经认真核实、查对，确无任何差错或疑问，办理交接凭证。档案室以及档案管理人员应按照有关规定，严格履行自己的职责。

2. 会计档案管理制度

1998年8月21日财政部、国家档案局联合颁发并于1999年1月1日起施行的《会计档案管理办法》进一步充实和完善了会计档案工作制度。档案管理部门对违反会计档案管理制度的有权进行检查纠正，情节严重的应当报告本单位领导或财政、审计机关处理。

（1）以《中华人民共和国会计法》为准绳，提高法制观念。《中华人民共和国会计法》第十五条规定："会计凭证、会计账簿、会计报表和其他会计资料应当按照国家有关规定建立档案，妥善保管。会计档案的保管期限和销毁办法由国务院财政部门会同有关部门制定。"把会计档案作为国家法律规定下来，在新中国成立后还是第一次，把会计档案写进国家法律也是第一次。可见，会计档案管理工作不仅是档案部门的事，还是财政、会计部门的重要任务。

（2）按照《会计档案管理办法》的原则规定，制定具体实施办法。由于各部门、各地区、各单位的具体情况不同，在具体方法上不可能完全一致，允许有一定的灵活性。比如，中国人民银行系统参照国家制定的会计制度，自行制定本部门的会计档案管理办法和制度，报财政部与国家档案局备案。集体所有制企业、事业单位以及其他类型的组织和个人的会计档案管理办法和制度，由有关主管部门参照财政部与国家档案局的有关规定自行制定。

（3）适应形势发展的需要，不断完善会计档案管理办法。国家建设事业的发展对经济管理和会计工作不断提出新的要求。一些新技术、新方法日渐引进经济管理和会计领域，档案管理技术也在发展更新。随着电子计算机在会计工作中的应用，会计凭证、会计账簿和财务报告等会计档案的形式也将发生变化，需要通过调查研究，适时做出会计档案管理的新规定。

二、会计档案的收集与保管

政府机关职能的转变、企业经营机制的转变、企业组织形式的多样化、社会财务管理的复杂化使会计档案的来源非常广泛。要保证会计档案的齐全完整，保证会计数据信息的科学利用，做好会计档案的收集是最关键的环节之一。

（一）会计档案收集工作的要求

要使会计档案信息齐全、完整，收集工作必须有以下几点要求。

1.认真贯彻执行"统一领导、分级管理"的原则

集中统一管理会计档案是会计档案收集工作最基本的要求，是国家全部会计档案能够实现集中统一管理的基础。《中华人民共和国会计法》第十五条规定："会计凭证、会计账簿、会计报表和其他会计资料应当按照国家规定建立档案，妥善保管。"由此可见，集中统一管理会计档案是会计部门与档案部门的基本职责，是受法律保护的。

2.收集工作要遵循会计档案的形成规律

随着经济建设的迅速发展和经济管理的日趋现代化，会计核算的领域在不断扩大，会计的职能在我国以公有制为主体的商品经济中的重要地位和作用日渐被认识。我国的会计核算逐渐冲破传统的事后记录、计算、反映的狭隘范围，逐步形成一个包括预测、计划、控制、计算、考核、分析等环节的核算体系。会计档案及其前身——会计文件材料是在各项经济管理、生产活动、经营销售、预算决策的会计工作环节活动中自然形成的，有其一定的形成规律。这就要求会计档案的收集工作必须遵循会计工作各个环节的形成规律，及时收集归卷。

3.收集工作要保证会计档案的齐全、完整和准确

随着科学管理的深入，各单位在制订经济计划、组织经济可行性研究、进行经济决策、领导经济工作中对会计信息的数量、质量的要求会越来越高。会计档案的齐全、完整、准确是保证会计信息质量的关键。

（二）会计文件材料的归档

——要明确会计文件材料的归档范围，即哪些单位或部门的哪些材料应该送到档案室归档。归档的会计文件材料主要来源于财政机关总预算会计、单位预算会计、机关经费会计、税务机关的税收会计、企业、事业单位会计及建设单位会计。会计文件材料的归档范围主要包括会计凭证、会计账簿和财务报告（会计报表）等会计核算专业材料。而财会部门经办的有关财会工作的方针、政策、制度、预算、计划、工作总结、报告以及来往文书都不属于会计文件材料的归档范围，应按照文书档案管理办法执行。

——按照会计制度的统一规定，年终在办理决算以后，会计凭证、账簿和报表应一律归档，统一保存，以备查询。《会计档案管理办法》第六条规定："各单位每年形成的会计档案都应由会计部门按照归档的要求，负责整理立卷或装订成册，编制会计档案保管清册。当年形成的会计档案在会计年度终了后，可暂由本单位会计部门保管一年。期满之后，原则上应由会计部门编制移交清册，移交本单位的档案机构统一保管。未设立档案机构的，应当在会计机构内部指定专人保管。出纳人员不得兼管会计档案。"对于会计文件材料的归档，通常有两种方式可供选择。一种方式是本年度的会计凭证、账簿和报表由本单位会

计部门保管，但在年终决算报上级批准后，会计部门应该编造清册，移交本单位的档案室统一保管。另外一种方式是本年度的会计凭证、账簿和报表可由会计人员自己负责保管，但在年终结算后，会计人员按其业务分工把自己所保管的会计凭证、账簿和报表按规范要求初步进行整理，交财会部门档案室统一保管，指派专人专管或兼管此项工作，会计部门只需定期把其中具有永久保存价值的会计档案交本单位的档案部门集中管理。采用何种方式归档，会计部门应与档案部门协商，从实际情况出发，及时做好归档工作。

——要把会计档案的积累和归档列入会计工作人员的职责范围之内。要建立归档制度并明确归档的内容、范围和登记方法。根据会计文件材料形成的具体情况，可把归档或具体的收集渠道落实到人，以保证会计档案的收集质量。具体如表6-7。

表6-7 会计档案的积累和归档

	会计凭证		出纳、会计主管
会计核算	账簿	总账	主管会计
		现金账	出纳会计员
		银行账	银行会计员
		各种明细分类账	会计员
	财务报告（会计报表）		主管会计或科长
电算会计	电算会计软件文件、电算会计软盘文件		程序设计员
其他	会计移交清册、会计档案保管清册、会计档案销毁清册、会计档案保管期限表		会计档案员

（三）会计档案的装具与排放

1. 会计档案装具

会计档案装具主要是指用来保护会计凭证、账簿、报表的盛装用具。它既能减少频繁利用存放的机械磨损，又能有效地防光、防尘以及防有害气体直接对档案的危害，是保护会计档案的一种较好的用具。

（1）会计档案盒的制作要求。会计档案盒用250g的牛皮纸印刷、折叠而成。它存放整齐、美观、搬动方便。对制作会计档案盒有一定的技术要求，一般应符合下列条件。

①制作卷盒的材料既要坚固耐用，又要采取防虫措施，在制作时应加一定的防虫药剂。

②卷盒应取存方便，减少机械磨损。

③卷盒表面要光滑，便于除尘。

④卷盒尺寸应以存放案卷方便为准。

（2）会计凭证档案盒。会计凭证档案盒的规格一般为：长25cm，宽（厚度）为3—5cm，高为12cm。总之，会计凭证盒要略大于装订好的凭证。在会计凭证盒的脊背上装上塑料膜，以备往上插会计凭证卡片，卡片上印有"会计凭证、类别、年、月、卷号、保管期限"等项即可,以方便拆换。因为会计凭证保管期限较短,一般不超过 15 年即要销毁,会计档案盒可以较长时间使用,这样,只要按时换去卡片即可继续使用,可以节省大量经费。使用时,将印有"会计凭证"字样的一头朝外放入档案架或柜橱内,查找利用十分方便。

（3）会计账簿档案盒。会计账簿档案盒的规格为:长 30cm,宽 22cm,高为 3cm—5cm。在盒盖翻口处两边的适当位置要设置穿扣,使盒盖能紧扣住卷盒。在会计账簿档案盒的脊背上印上"科目""目录号""案卷号""保管期限"等项即可。存放时,将会计账簿档案盒的脊背向外放入档案橱内,科目醒目,方便查找。

（4）财务报告（会计报表）档案盒。财务报告（会计报表）档案盒的规格为长 30cm,宽 22cm,高为 3.5cm,与账簿档案盒类似。在其封面上要印制编号、密级、年度会计报表、编报单位、单位负责人、会计主管、填报人、保管期限等项。脊背上印制"财务报告（会计报表）""年代""目录号""案卷号""保管期限"等项。如果财务报告（会计报表）较厚,要采取特殊的方法予以保管。

2.会计档案的排放

接收入库的会计档案登记后即可上架人柜固定其存放位置,以便查阅利用。由于会计档案的形成形式大小不一,规格不同,应该从保管条件的实际情况出发,科学地进行排放。档案柜架的排放应符合下列要求。

（1）整齐一致。会计档案的排列,要整齐一致,横竖成行,如有大小样式不一的会计档案架（柜）,应适当分类,尽可能做到整齐美观。

（2）松紧适度。会计档案架、柜排放不宜太松或太紧。既要注意最大限度地利用库房面积,又要便于档案的搬运和取放。

（3）统一编号。为了便于库房内会计档案的管理,应将所有的档案架、柜进行统一编号。

会计档案的排放一般有以下两种方法。

第一种是会计年度排放法,即把一个会计年度形成的全部会计档案分为财务报告（财务报表）、账簿、凭证、其他四大类,按保管期限降级依次排放。优点是方法简便,一个年度形成的会计档案在一起,便于查找和利用。这种方法适用于会计年度形成档案较少的单位。

第二种是会计档案形式排放法,即全部会计档案按财务报告（报表）、账簿、凭证、其他四大类分别排列（第二个层次再分会计年度）。优点是形式清楚、排放整齐,便于鉴定销毁,查找利用方便。这种排放法适合会计年度形成会计档案数量较多的单位。

三、会计档案整理的内容与原则

会计档案数量多、来源广、内容丰富、信息量大。要使这个庞大的信息系统很好地为现代化经济管理和经济建设服务,必须按其形成规律进行系统、科学的整理。

会计档案整理工作足将零散的和需要进一步条理化的会计文件，通过科学的分类、组合、立卷、排列和编目，组成一个有序体系的过程。会计档案是会计在进行经济管理和经济建设活动中产生的。会计工作是由会计设置，会计核算，会计分析，会计检查和会计预测、决策五个部分组成的。它们是相互依赖、相互配合、密切联系的，但又各自具有相对独立性。因此，会计档案整理工作的内容就是依照会计工作的基本环节进行科学的分类整理。

整理会计档案必须遵循的原则：遵循会计档案形成的规律，保持其相互间的有机联系，分门别类，便于保管和利用。会计在其各个工作环节中所形成的会计文件都有其各自的特点。按其各工作环节的特点分门别类立卷，不仅具有会计档案整理的科学性，而且便于档案部门管理以及会计和其他利用者利用会计档案。

四、会计档案案卷质量与调整

《会计档案管理办法》第六条规定，整理会计档案"原则上应当保持原卷册的封装"，"个别需要拆封重新整理的，档案机构应会同会计机构共同拆封整理，以分清责任"。因此，在具体做法上一般不必拆封整理，不另加案卷封面、卷内目录和备考表，也不另编张号，只在原封面中加盖表示档号的戳记。

会计档案的立卷应遵循经济活动和财务收支规律，由会计机构办理终结后，按照现金、银行存款、销售往来等会计科目装订成册，各类账簿也按科目成册形成案卷，直接成为档案的基本保管单位，在立卷时，一本凭证作为一个保管单位，一本账簿作为一个保管单位。财务报告（会计报表）是将年报、季报和月报分开立卷，同时考虑报表的多少组成保管单位。

在装订处理上，凭证、账簿原样不动，对年度决算报表根据其原来整理装订的具体情况进行分别的处理和装订。

在整理加工中，对账簿处理有两种方法：①对死页账，为了保持原来面貌，不拆去空白页，填好账簿启用表，并在账皮上贴账簿封面卡片；②对活页账，填好启用表，拆去空白页，编好页码，前面加账簿封面，后面加备考表，装订好，这样不仅减少体积，又易于保管。对于凭证、账簿、财务报告（报表）封面上原有项目没有填清，填全的，要由会计机构的经办人补填；对于破损、缺页、装订不牢固的案卷，应由会计机构负责修补与装订，对于不符合要求的会计档案，档案机构不予接收。

五、会计档案的编目

会计档案经过分类、排列、装订和编号，位置固定下来，然后都要登入案卷目录，这就是会计档案的编目。为了保证会计档案编目工作的质量，编制会计档案案卷目录工作一般由会计部门负责完成，也是会计管理工作的一个组成部分。《会计档案管理办法》第六条规定："当年形成的会计档案：在会计年度终了后，可暂由会计机构保管一年，期满之后应当由会计机构编制移交清册，移交本单位档案机构统一保管。"这里所写的"编制清册"就是指编制案卷目录。编制目录方法，通常按会计凭证、会计账簿、财务报告（会计报表）和其他会计资料分别编制目录。保管期限不同的案卷，一般应该分别编制案卷目录，尤其是永久保管的会计档案应该单独编制案卷目录。

会计档案案卷目录是按保管单位进行登记编制的，著录案卷内容和成分，并按一定次序编排的用于检索的案卷名册。会计档案案卷目录的项目主要有：案卷顺序号、案卷号、原凭证号（或文号）、案卷标题、起止年月日、张数、保管期限、存放位置、备注等。

会计档案的案卷目录填写方法如下。

（一）顺序号

顺序号指会计档案在案卷目录中顺次排列的序号，用阿拉伯数码填写。

（二）案卷号

每个案卷在该目录内的流水号。一本目录内不能有重复的案卷号。

（三）原凭证号

记账时按科目赋予的凭证编号。无原始凭证号，可填写该凭证册上的编号。

（四）案卷标题

案卷标题指案卷封面上的标题。案卷标题不能过简，应写成 ×× 单位 ×× 年度报表，×× 单位 ×× 年度经费总账。

（五）起止年月日

起止年月日指案卷最早形成年、月、日至最后年、月、日。

（六）件数和页数

件数指会计档案中所保存材料的份数，页数是填写案卷的总页数。

（七）保管期限

保管期限指会计档案保存的时间，分为永久、25 年、15 年等几种。

（八）存放位置

存放位置指会计档案存放库房号、架、格、盒的处所。

（九）备注

需要说明的未尽事宜。

六、会计档案的鉴定与销毁

会计档案在立档单位中占有重要地位，它是构成档案全宗的重要组成部分。会计档案的鉴定是一件细致而复杂的工作，必须认真对待。

（一）会计档案保管期限的确定

划分会计档案的保管期限是档案价值鉴定工作的主要内容之一。会计档案的保管期限根据其特点分为永久、定期两种。原则上按《会计档案管理办法》和3个附件的规定执行，如有特殊需要，可以适当延长保管期限。会计档案保管期限中的永久保存为50年以上，定期保管分为25年、20年、15年、10年、5年等几个层次。各种会计档案的保管期限从会计年度终了后的第一天算起。

永久保存是指在立档单位会计核算中形成的，记述和反映会计核算的，对工作总结、查考和研究经济活动具有长远利用价值的会计档案，应该永久保存。属于永久保管的会计档案有：年度财务报告。只在一定时期内具有查考作用的会计档案可以定期保存。属于定期保管的主要是会计账簿、凭证和月份报表等。

会计凭证一般情况下不需要永久保管，保存一定时期（比如15年）基本上可以满足查找利用的需要。会计凭证天天月月产生，日清月结，数量很大，都作为永久保存，既无必要，也不可能。对于未了结的债权、债务的原始凭证，涉及林、地、房产产权的有关货币收支凭证，精简下放、退职回乡、落实政策的支付凭证，工资支付单，对处理历史遗留问题有参考价值的原始凭证等，应适当延长保管期限。

会计账簿也不需要永久保存，保存15年至25年即可。这主要是因为会计账簿中的一些项目和数字已被会计报表所代替，会计账簿保存一定时期（比如15年至25年）已经很少有人再去查找。

财务报告，其中年度财务报告（决算）需要永久保存。季、月报告保存3年至5年即可。如果年度报告过于简略，或者年度报告遗失，需要季度、月份报告辅助时，季、月会计报告也可酌情适当延长保管期限。此内容的实例可参见本章最后附表。

（二）会计档案鉴定工作的组织领导与方法

以维护国家利益为前提，从浩瀚的档案中区别其不同的保管价值，有着十分重要的意义。

1. 组织领导

会计档案鉴定工作责任重大，必须有组织、有领导地进行，任何人不得擅自处理。各单位必须成立有主管领导、会计部门与档案部门负责人参加的鉴定工作领导小组，制订鉴定工作方案，学习与贯彻有关规章制度，明确鉴定工作要求、步骤与方法，确保鉴定工作的质量。

2. 鉴定步骤与方法

会计工作的经济责任性以及会计档案内容和成分形成的特殊性、多样性决定了会计档案鉴定工作的层次性，使会计档案的鉴定分阶段进行。

第一步：初步鉴定。它是在会计核算材料整理过程中由会计人员完成。会计部门在每年的会计年度终了时，要对需要归档的会计材料进行整理、编目、装订，并且根据会计档案管理办法确定每卷册档案的保管期限。此项工作贵在认真、细致、规范与坚持。

第二步：复查鉴定。档案部门接收会计部门移交的档案后，要定期会同会计人员对已到保管期限的会计档案进行复查鉴定，或延长保管期限，或确定销毁。对某些在初步鉴定时保管期限定得不适当的，可予以纠正。

第三步：销毁鉴定。对保管期满可以销毁的档案，由档案部门提出意见，再由会计部门与档案部门共同鉴定，经认定确无继续保存价值时，造具清册，经过批准可以销毁。

3. 鉴定工作的要求

鉴定工作的要求包括：①认真做好鉴定与销毁前的准备工作，建立与健全鉴定工作制度，做好档案部门与财会部门的沟通与交流。②形成制度，定期会审。③在判定保管期满会计档案的价值时，其中涉及外事、未了债权债务的原始凭证以及对历史遗留问题有重要参考价值的原始凭证与名册，要拣出重新立卷，由档案部门保存到确无保存价值时再销毁。

（三）会计档案的销毁

这是一项既严肃、谨慎，又必须办理的重要工作。

1. 会计档案销毁清册的编制

《会计档案管理办法》规定："会计档案保管期满需要销毁时，由本单位档案机构提出销毁意见，会同会计机构共同鉴定，严格审查、编造会计档案销毁清册。"会计档案销毁清册是指会计档案超过其保管期限，经鉴定后对失去保存价值的会计档案所编制的目录名册，它是被销毁会计档案的依据。

2. 会计档案销毁审批报告的编制

会计档案销毁审批报告是指经过鉴定对需要销毁的会计档案的各类情况进行总合，上报单位领导、上级主管部门以及上级财政部门和档案部门审批，且由监销与销毁人员签名盖章的责任报告。

各单位按规定销毁会计档案时，应由档案机构和会计机构共同派员监销。各级主管部门销毁会计档案时，还应有同级财政部门、审计部门派员参加监销。集体所有制单位必须由主管部门派员监销。各级财政部门销毁会计档案时，由同级审计机构派员参加监销。

六、会计档案的提供利用

在众多的会计档案中怎样选择经济管理所必需的会计档案信息，为领导决策服务呢？这就需要做好会计档案信息的开发利用工作。

（一）开发会计档案信息资源的途径

会计档案是各单位的重要档案之一，以其丰富的原始数据为企业编制计划、改善经营管理、预测经济前景，为领导决策，提供全面和可靠的信息。在企业管理中做好会计档案信息的开发尤为必要。

（1）依据会计档案信息，制订科学的承包方案。会计档案是企业单位在经营管理活动中形成的，真实客观地记录了企业历年来经济活动的全过程和各个经济环节上的活动情况。根据这个信息系统对企业的经济活动过程加以对比分析，从而得出带规律性的有量化概念的结论。这种依据客观规律和大量原始材料得出的结论是制订承包方案的科学依据，能使承包方案更加切合实际。

（2）利用会计档案，加强成本管理，参与决策。随着改革的深入，要正确处理好生产成本与消费者利益的关系，依据会计档案提供的信息生产适销对路的产品，以适应市场需求。

此外，可开发的内容还有：依据会计档案制定科学的投标方向；开发会计档案信息，强化企业科学管理；等等。

（二）会计档案的检索工具

会计档案的检索工具主要有会计档案案卷目录和专题目录。案卷目录的编制方法大体有以下几种：①编制会计凭证、账簿、财务报告（报表）三者合一的会计档案案卷目录；②分别编制会计凭证目录、会计账簿目录、财务报告（会计报表）目录；③分保管期限编制不同的会计档案案卷目录。一般情况下，以第3种方法为好，其优点是与会计档案的排列、编号一致，既有利于保管，又便于移交和销毁档案。

专题目录是根据编制长远规划和国家经济建设的需要，将历年案卷目录中有关生产、基建、供销、经费、财务决策及其说明等按专题编制的目录。

（三）会计档案编研工作

利用会计档案从事编研工作是一种行之有效的利用方式。

（1）基础数字汇集。它是利用会计档案中各方面数据信息，将立档单位的经济管理活动的数据按若干项目汇集成册，以供领导与业务人员全面、系统地掌握情况。

（2）重要数据汇集。这是一种简单又比较重要的编研材料。

（3）阶段性资金分析表。它是领导从某一阶段企业经营情况来研究企业的经济发展概况，或与某一阶段企业经济活动规律进行对比，以总结企业发展或经营的经验教训。

（4）企业历年经济效益曲线图。它是一个直角坐标系，横坐标为年度，纵坐标为企业经济效益，每年的经济效益在平面上对应一个点，这些点用线段连接起来，形成曲线图。可以直接从曲线上看出企业经济效益发展的规律，一目了然。

（四）提供利用会计档案需注意的问题

（1）建立、健全会计档案的借阅制度。要对会计档案的利用范围、利用方式、批准手续以及归还案卷的检查做出具体规定，并认真贯彻执行。

（2）严格借阅手续。本单位人员因工作需要借阅会计档案，要经会计主管人员同意。

外单位人员查阅会计档案，要有正式介绍信，经会计主管人员或单位领导人批准后，在指定地点查阅。调阅档案的人员均需填写"调阅会计档案登记簿"，登记调阅者的姓名、工作单位、调阅理由和所调档案的名称、日期等。调阅人员一般不得将会计档案携带外出。

（3）确保会计档案原件的完整和安全。无论何人查阅会计档案，均不得在会计档案上做任何标记，不得折叠、涂改和污损，更不能拆毁原卷册，抽换会计凭证和账页，不得造成遗失和泄密事故，违者应视情节轻重进行严肃处理。

（4）对复制、摘抄会计档案材料严格审查把关。利用者需要复印、复制、摘抄会计档案时，需事先征得档案保管人员审查签字，经会计机构主管负责人审查批准后，会计档案才能交付利用者。工商、税务、司法等机关需要以会计档案作为凭证时，可以出具复印件，加盖会计档案管理机构证明章，不得拆卷，更不能带走原件。

会计档案提供利用时，档案管理机构与会计主管机构应注意收集会计档案提供利用的效果，并把利用效果反馈的具体情况，包括利用目的、利用卷次及人次、解决问题的程度、社会效益和经济效益以及尚待解决问题的难点等，逐一详细地登记在"利用效果登记簿"上，以便及时总结会计档案提供利用工作中的经验与教训，并进一步改进会计档案管理工作。

第四节　文书档案管理实务

本节所称文书档案是指机关、人民团体、企事业单位在领导和行政管理活动中形成的档案材料，包括机关、人民团体、事业单位的文书档案及企业的管理类档案。

一、文书档案的收集

档案收集的实施包括两个层面，一是档案室的收集；二是档案馆的收集。

（一）档案室的收集

1. 档案室收集档案的工作依据

档案室开展档案收集主要指一个单位形成的各类文件材料向档案室归档的过程，因此，档案室收集档案的工作依据即本单位制定的归档制度。

2. 档案室收集档案的程序

主要程序包括：组织编制或修订文件材料归档范围、文书档案保管期限表和归档类目表，制定本年度归档工作计划并组织实施本单位文件材料归档工作，指导各部门、处室兼职档案人员立卷（组件）、整理，检查各部门、处室拟归档案卷（文件）质量，办理归档手续等，见图6-2。

图6-2 档案室收集档案的一般程序

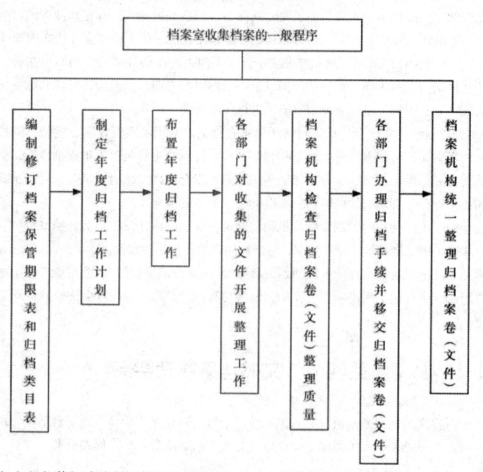

（1）组织修订或编制文件材料归档范围、文书档案保管期限表和当年归档类目表（已在前介绍，此略。）

（2）制定本年度归档工作计划并组织实施

年度归档工作计划包括明确年度归档工作的责任、要求、归档时间、归档手续等。

对一些责任有交叉的事项应当着重明确。例如，与其他单位联合印发的文件材料，由主办部门负责收集归档，其中，本单位主办的（文号为本单位的），形成的全部文件材料必须收集原件；本单位协办的（文号为其他单位的），发文会签单可收集复印件，正式印稿须为原件；联合开展工作形成的文件材料，由主办部门负责收集归档，也可由最后办理部门负责收集归档；行政审批文件材料，可由主办业务部门收集归档，也可由负责行政审批的部门收集归档；重大活动成立临时机构的，形成的文件材料由临时机构指定专人收集归档；重大科研项目、重大建设项目文件材料由课题组、基建部门指定专人收集归档。

部门、处室较多的，档案室应当科学、合理地排出归档时间表。例如，综合部门、重点业务部门归档时间可适当排在前面，一般性、事务性部门排在后面；或者文件材料数量较少的部门排在前面，数量多的部门排在后面。

归档工作方案制定完成后，档案室应当在各部门、处室负责人会议上布置当年归档工作任务并发放书面通知，明确归档工作要求。年度归档工作完成后，档案室应当通过适当方式，通报各部门、处室的归档案卷（文件）质量、归档时间等情况，并作为各部门、处室年终考核内容之一。

（3）指导兼职档案人员开展文件材料收集、整理工作

各部门、处室的兼职档案人员往往由新进单位人员担任，经常轮换，造成文件材料收集、整理质量不稳定。因此，档案室应当每年对各部门、处室兼职档案人员开展业务培训，明确文件材料收集、整理要求，确保每位兼职档案人员掌握基本业务操作；对新进兼职档案人员，可要求其先行整理若干卷（件）文件材料，符合要求后再全面整理，避免整理完毕后大量返工；对文件材料收集、整理有困难的兼职档案新人，档案室应当派人一对一指导。

（4）检查拟归档案卷（文件）质量

年度归档期限临近时，档案室应当到各部门、处室办公场所查看文件材料收集、整理情况，对有质量问题的案卷（文件）提出整改要求。检查时重点关注归档案卷（文件）的齐全性、完整性、系统性和规范性。

齐全性主要检查：归档文件材料是否与归档类目表列出的文件材料相符，有没有漏归、少归的文件，除了纸质材料，其他载体形式的材料是否一并收集归档。

完整性主要检查：每份文件是否完整，发文应包括正式印稿、签发单、签发稿、有领导修改痕迹的修改稿；收文应包括办文单、来文；正文与附件是否完整，转发文和被转发文是否完整；有没有缺页；页面是否完整，有没有破损现象，如破损应当进行复制并与原破损件一并归档。

系统性主要检查：卷内文件排列是否正确，一般按照结论性材料在前，依据性、过程性材料在后；批复在前，请示在后；复文在前，来文在后；重要文件在前，次要文件在后；转发文在前，被转发文在后；正件在前，附件在后的原则排列。以"件"为保管单位的，"一件文件"中每份文件的排列次序可参照卷内文件排列。

（5）办理归档手续

文件材料整理完毕，经档案室检查符合要求后，应当尽快办理归档手续。办理归档手续应以归档案卷（文件）目录为依据，由档案室人员和兼职档案人员共同开展归档案卷（文件）的清点工作，清点无误后双方在归档案卷（文件）移交清单（表6-8）上分别签字，归档案卷（文件）目录双方各执一份。

表6-8 归档案卷（文件）移交清单

归档部门		归档年度	
移交人		接收	
归档文件材料类别			
	永久	长期（30年）	短期（10年）
文书（或管理类）	卷/件	卷/件	卷/件
科技	卷/件	卷/件	卷/件
会计	卷/册	卷/册	卷/册
照片	张/册	张/册	张/册
光盘	件	件	件
实物	件	件	件
其他			
归档文件案卷（　）目录：　　册			
移交人签名：	日期：		
接收人签名：	日期：		
归档部门负责人签名：	日期：		
档案工作负责人签名：	日期：		

（二）档案馆的收集

1. 档案馆收集档案的工作依据

档案馆开展档案收集工作，必须按照国家档案局第9号令《各级各类档案馆收集档案范围的规定》的有关规定，编制档案馆收集档案范围细则（简称"细则"）和档案馆接收档案单位（部门）及档案主要门类一览表（简称"一览表"），与档案馆收集档案范围细则编制工作方案（简称"工作方案"）一并报上级档案行政管理部门审核后实施。

2. 档案馆收集档案的程序

主要包括：制定档案馆收集档案范围并报上级档案行政管理部门审核，适时修订档案馆收集档案范围并报上级档案行政管理部门备案，制定接收档案计划和具体接收安排，通知移交单位，对拟移交进馆的档案进行价值鉴定并指导移交单位按照进馆要求开展档案整理，对整理完毕的档案开展进馆前检查，办理档案移交进馆手续等。

3. 档案馆制定和修订收集档案范围应注意的问题

（1）保持一致性

一致性包括两方面：一是"细则""一览表""工作方案"应与档案馆全宗管理、档案分类方案以及日常收集工作实际保持一致，避免审批通过后难以实施；二是"细则""一览表""工作方案"三个材料反映的具体内容要保持一致，避免收集档案门类、移交单位（部门）名单、收集工作程序各不相同。

（2）遵守档案管理权限

1992年，国务院批准、国家档案局发布《全国档案馆设置原则和布局方案》，规定了综合档案馆、专门档案馆、部门档案馆和企事业单位档案馆的收集范围。1997年，国家档案局制发了《城市建设档案归属与流向暂行办法》，明确规定城市建设档案馆的档案接收范围。2011年，国家档案局发布《各级各类档案馆收集档案范围的规定》（国家档案局第9号令），第二条至第六条明确规定各级各类档案馆收集档案的范围。各档案馆应严格按照上述法规、规章和规范性文件规定的档案接收范围执行，除法律法规另有规定，不可擅自扩大或缩小收集档案范围，否则属于档案管理违法行为，由县以上档案行政管理部门责令其限期改正。如国家档案局第9号令第四条规定："各级部门档案馆，收集本部门及其直属单位形成的档案"，即表明部门档案馆只可收集"本部门及其直属单位"这个范围内各机构形成的档案，不得超范围、跨系统收集。

（3）严格审批程序

各级各类档案馆的收集档案范围应当报上级档案行政管理部门审核同意后施行。施行过程中如有调整，应适时修订，并向负责审批的档案行政管理部门备案。

4.移交单位向档案馆移交档案时应当注意的问题

（1）列入国家档案馆接收档案范围的单位应当依法依规移交档案

列入国家档案馆接收档案范围的移交单位，负有向相关国家档案馆移交档案的义务，应当按照法律法规、规章和国家有关规范性文件以及国家标准、行业标准确立的整理规范、档案质量要求移交档案。拒绝移交档案且情节严重的，应当依照档案法律法规给予移交单位负有领导责任的领导人员和直接责任人行政处分。

（2）移交单位应当将列入档案馆收集范围的所有档案一并向档案馆移交

移交单位的所有档案是不可分割的整体，只要列入档案馆收集范围，就应当一并向档案馆移交，移交单位不得擅自减少移交档案的门类和数量，或擅自拖延移交时间。如只移交文书档案，不移交专门或业务档案，或以尚未整理完毕为由不移交档案。属于专业性较强或者需要保密的档案，经同级档案行政管理部门审批同意后，可延长移交期限。

（3）向市、区县国家综合档案馆提前或延期移交档案应当履行相关行政审批手续

移交单位提前或延期向市、区县国家综合档案馆移交档案必须符合档案法律法规规定的条件，并由移交单位向同级档案行政管理部门提出行政审批申请，经档案行政管理部门检查和同意后，可由有关档案馆提前接收进馆或延长向档案馆移交的期限。

（4）移交档案应当服从档案馆的计划和安排

档案馆在接收档案时往往要与基础设施建设、档案整理、档案保管、档案鉴定开放、档案公布利用等工作综合考虑，因此，档案馆接收档案是有计划、有步骤、分批开展的，移交单位接到档案移交进馆的通知后，应当服从档案馆的工作计划和安排，尽早谋划和准备。

二、重大活动文件材料与档案的收集

（一）重大活动的界定

重要会议、重大事件、重大活动统称为重大活动。《上海市重点档案管理办法》（沪档〔2009〕33号）第二章"重点档案的范围及确定"的第七条第三款第（1）（2）列出：本市组织或者承办的在国内外有重大影响的全国性、国际性会议；本市行政区域重大的政治、经济、科技、文化、体育、宗教等活动，包括政治体制改革、经济体制改革的重要实践，重大突发事件的处置工作，在国内外有重要影响的宣传、教育活动，科技、文化、体育和宗教等领域的重要节庆或赛事活动都属于此范畴。

（二）重大活动文件材料和档案收集的工作依据

1.《上海市档案条例》（2010年9月17日上海市第13届人民代表大会常务委员会第21次会议第三次修正）。

2.《上海市重点档案管理办法》（沪档〔2009〕33号）。

3.《上海市重要声像档案资料收集和移交试行办法》（沪档〔2002〕45号）。

（三）重大活动文件材料和档案收集的主要内容

重大活动文件材料和档案的收集包括两个层面：第一个层面是重大活动承办单位或牵头单位对重大活动文件材料的收集、整理、归档以及依法依规向相关档案馆移交档案的工作，由重大活动的承办单位或牵头单位负责；第二个层面是各级国家综合档案馆对列入市、区县的重大活动形成的档案依法依规提前收集进馆的工作，由市、区县国家综合档案馆负责。

（四）重大活动文件材料及档案收集范围和档案保管期限

凡是与重大活动有关的各种门类、载体形式的档案，包括文书、音像（含照片、录音、录像）、电子（含音视频文件）、实物、资料等都应当收集齐全。文书档案保管期限可参照国家档案局第8号令执行，其他门类档案保管期限参照国家和本市有关规定执行。

（五）重大活动文件材料和档案收集的工作程序

1.登记管理，明确责任

列入市、区县重大活动的承办单位或牵头单位应填写重大活动档案管理登记表，向同级档案行政管理部门进行登记，并负责重大活动文件材料的收集、整理以及向同级档案馆移交档案的工作；列入单位重大活动的承办部门或牵头部门负责重大活动文件材料的收集、整理和向本单位档案机构归档的工作。重大活动档案工作应纳入本地区或本单位重点工作内容。

2. 提前介入，跟踪指导

列入市、区县重大活动的，市、区县档案行政管理部门应与重大活动承办单位或牵头单位联合制发相关文件，编制重大活动文件材料归档范围和档案保管期限表，开展业务培训，对文件材料收集、整理、归档以及档案移交工作提出具体要求等；列入单位重大活动的，档案室应对承办部门或牵头部门开展档案业务指导，编制重大活动归档类目表，对文件材料收集、整理、归档工作提出具体要求。

3. 收集整理，归档移交

重大活动的承办单位或牵头单位，应及时开展重大活动文件材料的收集、整理及归档工作。市、区县档案行政管理部门应会同有接收重大活动档案任务的同级国家综合档案馆，对重大活动文件材料的收集、整理情况定期开展指导和监督，统一进馆档案整理标准。重大活动的承办单位或牵头单位应当编制档案移交目录和全宗介绍，并对档案进馆后提出限制利用意见。整理完毕的档案应当在活动结束或承办活动的临时机构撤销 6 个月内向同级国家综合档案馆移交。

（六）重大活动文件材料、档案收集和建档管理要求

1. 重大活动档案管理登记应当建立长效机制

根据《上海市档案条例》第十八条、十九条规定，市、区县档案行政管理部门应当及时通知重大活动的承办单位或牵头单位开展重大活动档案管理登记，并在接受登记后通知有关档案馆或档案保管单位。

2. 重大活动档案建档管理应当做到"三同步"

"三同步"包括：档案工作领导体制与机构成立要与重大活动领导机构设置同步；档案工作规划与部署要与重大活动各项工作同步；档案工作经费要与重大活动各项工作预算同步。

3. 重大活动档案收集和整理应当有序开展

重大活动如成立临时机构的，其形成的档案应作为专题档案单独收集、整理，尽量不要与承办单位或牵头单位日常工作中形成的档案混淆，以免影响重大活动档案的完整性、系统性；没有成立临时机构的，其形成的档案可以与承办单位日常工作中形成的档案统一收集、整理、归档，日后向国家综合档案馆整体移交，但建议编制重大活动专题档案目录，方便查考。

三、文书档案分类方法

档案的分类，就是将立档单位所形成的档案，按照档案的来源、时间、内容和形式等方面的联系，分成若干层次和类别，构成有机的体系。具体包括：分类方法的选择、分类方案的编制、档案的归类和排列等内容。

（一）基本分类法

档案分类法，又称档案分类标准，是档案馆（室）划分所藏档案类别的依据和方法。在档案整理过程中，为真实反映立档单位的历史面貌，需要以客观性、逻辑性和实用性为基本要求，按照标准一致、概念明确、界限分明、层次得当的标准，根据档案的来源、形成时间、内容和形式等特征，对全宗内档案进行区分和归类，主要有以下几种基本方法。

1. 年度分类法

年度分类法，就是根据文件形成和处理的年度对全宗内档案进行分类。每一年设一类，年度即类名。由于年度分类法简便易行，因而成为最常见、运用最广泛的一种分类方法。

采用年度分类法进行分类，必须根据文件所属年度归入相应的类内，确定文件的准确日期是关键。一般而言，文件的形成年度就是所属的年度，发文和内部文件应按制发日期归类；指示、命令等指令性文件按签署日期归类；法规性文件一般以批准、生效日期归类；收文以收到日期或公布日期为依据归类等。但有些文件存在几个属于不同年度的日期，归入哪一个年度档案，就需要具体分析，分别处理。

跨年度的一般应以文件签发日期为准；对于计划、总结、预算、统计报表、表彰先进以及法规性文件等内容涉及不同年度的文件，统一按文件签发日期判定所属年度；跨年度形成的会议文件归入闭幕年；跨年度办理的文件归入办结年；当形成年度无法考证时，年度为其归档年度，并在附注项加以说明。

2. 组织机构分类法

组织机构分类法也是常见的一种分类法。组织机构分类法就是根据立档单位的内设机构设类和归类，即将全宗内的档案按文件形成或承办的部门来分类，一个机构设置一个类，机构名称就是类名。

采用组织机构分类法，能保持全宗内文件在来源方面的固有联系，客观地反映立档单位的历史面貌；同时由于每个机构都承担某方面的职能和任务，按组织机构分类在一定程度上集中反映了某一方面工作内容的文件，便于按照一定的专题查找和利用档案，特别是对于现行文件，归档前由各个机构分别保存整理，每个机构每年向档案室归档时，就自然构成一类，方法简单，标准客观，便于掌握。

组织机构分类法虽然有很多优点，但也并非每个立档单位都适用，采用组织机构分类法，要求立档单位的内设机构相对稳定，不经常变动或变动不大，对于历史档案或积存文件，必须能看清文件的形成或承办机构。

3. 问题分类法

问题分类法就是按照文件内容所说明的问题对全宗内档案文件划分类别。

按问题分类，符合文件形成时的特点和规律，采用问题分类法，可以避免或减少同类问题文件分散的现象，能使内容性质相近的文件汇集在一起，便于按专题查找和利用档案。特别是由于按问题设类可以不受内设机构的限制，机关的中心任务和主要活动可以单独设类，从而能够比较突出地反映一个单位职能活动的主要面貌。

采用问题分类法时，最重要的是如何设置类目。由于人们的认识水平不一，类目的设置会有很大差别，造成分类不准确。如何准确地确定类别，基本要求如下。

①从实际情况出发设置类目。类目的设置，应该符合立档单位及其档案的实际情况，根据立档单位的职责和任务，抓住档案内容中最基本的问题设置类别。在实际工作中，大多参照本单位内部组织机构的基本职能来设置类别，例如，将党委、工会、共青团等机构形成的文件划为"党群类"，业务部门形成的文件划为"业务类"，行政后勤部门形成的归档文件划为"行政类"等，从而如实地反映立档单位的主要面貌。

②类目体系力求简明，合乎逻辑。类目设置的多少应根据全宗内档案数量而定，要求类目概念明确，层次分明。类名要概括性强，容易掌握，每一级类和类之间应并列，不能彼此包含或交叉。比如，在同一级内设了教育类，就不能再设成人教育类；同时，上位类和下位类的层次要分明，不能颠倒或混淆。

③把握档案的主要内容，有规律地归类。按问题分类时，经常会遇到有的档案内容涉及几个类目，既可归入 A 类，又可归入 B 类，这就需要在总结经验研究规律的基础上，制定出本单位适用的统一归类规则，以避免因分类人员不同而造成的归类不一现象，也可在一定程度上保持工作的连续性。

（二）复式分类法

在档案的实际分类过程中，只采用单一结构分类法的情况是比较少见的，一般是两种方法结合使用，实行二级分类。通常按照年度与组织机构或问题进行联合分类，构成四种复式分类法：年度—组织机构分类法、组织机构—年度分类法、年度—问题分类法、问题—年度分类法。

1. 年度—组织机构分类法

即以年度为第一级类目，组织机构为第二级类目。具体做法是：先将全宗内的文件按年度分开，在每个年度下再按组织机构分类。

这种分类方法适用于内设机构虽有变化但变化不复杂的立档单位，特别适合于现行单位。采用这种分类方法，可与文书部门每年的归档工作相结合，从而确保分类的正常进行；同时，便于库房的排架，同一年度形成的文件按机构排序依次上架，不必预留空位，也避免了倒架，库房管理非常方便。

2. 组织机构—年度分类法

即以组织机构为一级类目，年度为第二级类目。具体做法是：先将全宗内的文件按立档单位的内部组织机构分开，在每个机构下再按档案形成的年度加以区分。

这种分类法，适用于内设机构比较稳定的立档单位，一般多用于撤销单位和历史档案。现行单位尽量不要采用这种分类法，因为现行单位每年都有新的档案产生，采用这种方法，在档案排架时就必须留空位，而预留空位的多少不容易掌握，一旦遇到机构变动，对分类和排列都会产生很大影响。

3．年度——问题分类法

即以年度为一级类目，问题为二级类目。具体做法是：先将全宗内的文件按年度分开，在每个年度下再按相关问题加以区分。

这种分类法与第一种基本相同，也适合于现行单位，但必须在无法按组织机构分类时才采用，如组织机构变化复杂，分工不明确，或是内设机构非常简单甚至没有内设机构的情况下，可以考虑采用这种分类法。

4．问题——年度分类法

以问题为一级类目，年度为二级类目。具体做法是：先将全宗内的档案文件按问题分开，在每个问题下再按年度分类。

这种分类法与第二种方法类似，也适用于历史档案和撤销单位档案的整理，一般不适用于现行单位。

以上四种分类方法是较为常见的复式分类法，各单位既要严格按照国家的有关要求，又要根据本单位档案的形成特点，选择合适的分类方法。

需要注意的是，一次分类只能采用一种分类标准，不能同时采用两种以上的分类标准。另外，由于档案经分类后还要继续整理，因此，分类的层级不能太多。选择哪两种方法进行二级分类，须根据立档单位的情况、全宗的构成状况等，针对不同的全宗分类别对待。例如，内设机构固定的全宗通常采用年度——组织机构分类法；内设机构变化复杂、分工不明确或数量很少的全宗适合采用年度——问题分类法；撤销单位的全宗和历史档案可采用组织机构——年度分类法或问题——年度分类法，而现行单位因为内设机构存在一定变数，一般不宜采用组织机构——年度分类法或问题——年度分类法。

第五节　科技档案管理实务

一、科技档案的定义

科学技术档案，简称科技档案，《档案工作基本术语》（DA/T1-2000）将其定义为：反映科学技术研究、生产、基本建设等活动的档案。这一定义采取列举法，罗列了科研、生产、基建等科技档案主要的形成来源。在一些科技档案管理教材中采用其他表述来定义科技档案，例如，《科技档案管理》将其定义为：是保存备查的直接记述和反映科技生产活动的科技文件。该定义中的"科技生产活动"是个广义概念，涵盖人们从事各种认识自然和改造自然的活动，并以"保存备查"揭示了科技档案与科技文件这两种事物之间的区别。而《科学技术档案案卷构成的一般要求》（GB/T11822-2008）用列举法对科学技术文件材料（简称科技文件）进行定义，即记录和反映科学研究、生产运营、项目建设活动和设备仪器运行、维护及其管理工作的文字、图表、声像等不同形式文件材料的总称；对科技档案的定义则为：国家机构、社会组织以及个人从事各项社会活动形成的，对国家、社会、本单位和个人具有保存价值的，应当归档保存的科技文件。该定义也类似地以"具有保存价值的，应当归档保存的"揭示科技档案与科技文件之间的区别。

二、科技档案的主要特征

科技档案是档案中的一大门类，相比其他门类档案，其在内容构成、形成规律、管理方法和作用特征上，具有自身显著的特点。

（一）构成的成套性

科技档案构成的成套性是科技档案形成和内容构成的整体特征。科技生产活动的特点和规律决定了人们总是以一个独立项目或某一对象为单元进行科技生产活动的。而在这一科技生产活动过程中，自然形成了一系列相关联的文件材料，这些文件材料构成了一个有机联系的整体，即成套性。科技档案构成的成套性特征在基本建设、科学技术研究、产品研制、地质勘探、测绘等活动中都有明显体现，例如，基本建设活动总是以一个建设项目或工程为单元进行的，科学技术研究活动总是以一个课题或项目为单元进行的。

（二）内容的专业性

科技档案的专业性由其形成领域和内容属性决定。在形成领域上，科技生产活动与各类管理活动有明显不同，各类科技生产活动的共同特征是明显的专业性。从内容上看，科技档案不仅具有一般意义上的专业性，且不同领域形成的科技档案还具有不同性质的专业性。

（三）管理的现实性

科技档案具有较强的现实使用性和价值。档案具有历史查考作用，科技档案也不例外，但其现实使用性不能被否定或忽略。科技生产活动的延续性决定了有些科技文件归档成为科技档案后，往往是其使用频率最高、发挥作用最重要的时期，不仅仅只起存史作用。这也决定了科技档案应与其所反映的对象的现实保持一致，例如市政管线档案，如果与其反映的实物不一致，则难以起到为现实利用的作用。这一特征要求科技档案实行动态管理，如建立健全更改补充制度。

（四）种类的多样性

这里的多样性既包括科技档案下门类的多样性，例如基本建设档案、科研档案等不同门类的科技档案；也包括科技档案组成的多样性，例如一套科技档案中，既有文字材料，也有技术图纸，还有专业计算书等计算材料，相对而言，文书档案则较单一；还包括科技档案载体的多样性，如传统纸质材料，保存于光盘、硬磁盘等载体上的电子文件，照片、录音录像。尽管随着科技发展，其他门类档案载体材料也呈现多样化趋势，但科技档案的这一表现更突出。

（五）利用的广域性

科技档案利用的广域性指其作用的发挥不局限于形成单位，还可以产生更广泛的社会效益与经济效益，例如测绘档案、气象档案、水文档案等能广泛服务于社会。

三、科技档案管理的基本方法

科技档案工作是一项以科技管理为核心的专业性和服务性工作，做好科技档案工作需遵循下列要求与方法。

第一，"三纳入"，即科技档案工作应纳入领导工作议事日程，纳入有关的规章制度及工作流程，纳入有关部门和人员的经济责任制和岗位责任制。科技档案是科技生产活动的记录和产物，与科技生产活动有着天然的密切关系，同时也服务于科技生产活动，因此，科技档案工作是科技生产活动的重要组成部分，需要各单位科技档案工作的分管领导郑重考虑和研究，将科技档案管理纳入工作的议事日程，通过协调将科技档案管理纳入各项科技生产活动的规章制度及工作流程，纳入有关部门和人员的岗位责任制或经济责任制，行之有效地保障科技生产活动完整、真实、准确、有效的记录的形成和管理。

第二，"四参加"，即档案部门或人员应参加产品鉴定、科研课题（或项目）成果审定、建设项目验收、设备仪器开箱验收等活动，负责检查应归档文件材料的完整、准确、系统。"四参加"是我国几十年科技档案工作的经验总结，是一种行之有效的管控措施。产品鉴定、科研课题（或项目）成果审定、建设项目验收、设备仪器开箱验收等活动都是相关工作结论性、阶段性、节点性的活动，如果这些活动的文件材料不能得到及时归档，事后弥补将困难重重。档案部门或人员参加这些重要活动，可以深入了解在相关工作和活动中产生哪些需要归档的文件材料，从而对这些工作和活动的文件材料完整、准确、系统地归档起到把关和维护本单位利益的作用。所以，"四参加"应纳入有关单位管理制度并严格执行。

第三，"四同时"，即下达项目计划任务应同时提出项目文件材料的归档要求；检查项目计划进度应同时检查项目文件材料积累情况；验收、鉴定项目成果应同时验收、鉴定项目文件归档情况；项目总结应同时确保项目文件材料归档交接的完整、准确、系统。"四同时"也是我国几十年科技档案工作的经验总结，是一种行之有效的在工作全过程中对归档文件材料进行控制的措施。档案部门与本单位有关管理部门相互配合，共同将"四同时"作为一种管理工作流程执行好，对科技生产管理和科技档案管理起到相辅相成的作用。

四、科技档案的分类和科技档案分类方案的编制

档案整理是开展档案工作的重要基础环节。它是档案部门为方便档案的保管与利用，遵循一定的规律与原则，对接收的档案进行条理化和系统化整理、分类、排列与编目的过程。

科技档案整理亦是如此。科技档案整理工作包括系统整理和科学编目两部分，其中，系统整理包括对档案进行分类和排列；科学编目包括编制档号和案卷目录，将经过系统整理的档案固化，编制检索工具和进行著录，揭示科技档案的内容和构成。科技档案整理工作是科技档案进入档案部门后的首次处理过程，是科技档案进入保管状态的标志，也是科技档案科学管理的基础。本章第三节根据《科学技术档案案卷构成的一般要求》（GB/T11822-2008）讨论科技档案组卷时，已对科技档案案卷和案卷内文件排列，及案卷目录、卷内目录编制等编目工作进行了解读，故本节不再对这部分内容讨论。

（一）科技档案分类和科技档案分类方案的定义

科技档案的分类，就是根据科技档案的内容性质和形成特点，把一定范围的科技档案划分为不同的类别层次，从而形成具有一定从属关系和平行关系的不同等级的科技档案库（馆）藏系统。

从广义上说，科技档案分类包括三种：一是科技档案种类的划分，这是对科技生产活动中形成的科技档案按一定分类标准进行的划分；二是库（馆）藏内或专业系统内科技档案的实体分类，其与科技档案种类的划分既有联系也有区别，它是科技档案种类划分基础上的进一步划分，直至划分到科技档案保管单位——案卷为止，该分类是为解决库（馆）藏科技档案的实体排列问题；三是科技档案内容的分类，是在实体分类基础上，按主题对科技档案的内容重新分类，用于编制专题目录、主题目录等检索工具。对一个立档单位而言，科技档案的分类也是该单位全部档案分类的组成部分，因此，科技档案分类工作应在本单位档案整体分类工作的框架下实施。

而科技档案分类方案，就是通过文字、数字、代号或图表的形式，形成本单位科技档案类别的划分、排列及其纵横关系的体系，它是对科技档案实体进行分类的依据文件。各单位应根据自身科技生产活动实际，对本单位形成的科技档案，编制一个科学的、切实可行的分类方案。科技档案分类方案不仅对指导科技档案分类工作有重要作用，而且通过分类方案可了解库（馆）藏科技档案的内容构成和组织体系，便于科技档案的科学管理和开发利用。

（二）科技档案分类方案的结构

由编制说明、类目表、类别号三部分组成。

1. 编制说明

编制说明是科技档案分类方案的前置部分，是对科技档案分类方案的编制目的与原则、分类依据、体系结构、类目设置与标识以及档案的实体排架等若干问题的解释，是科技档案分类方案的使用指南。

2. 类目表

类目表是分类方案的主体部分，由纵向类目和横向类目构成的，它将本单位科技生产活动中形成的全部科技档案按类目进行划分排序，并以图表的形式表示出来，类目表能够反映出本单位全部科技档案的类目体系。类目表有三种形式，即分类体系表、分类类目细分表、分类主题词表。

3.类别号

确定对科技档案进行类别标识的代字、代号，并对档案排列方法作一说明。

（三）科技档案分类方案的编制要求

1.要保证科技档案分类方案类目体系的严整性

科技档案分类方案的类目体系是分类方案的主体，是各级类目构成的一个横向和纵向关系的等级系统。横向表现了各级同位类的并列关系，形成了各级"类别"；纵向表现了上位类和下位类之间的从属关系，构成了一个个"类系"。

2.科技档案分类方案类目体系要体现可包容性

科技档案分类方案必须具有足够的容量，其类目设置要能够体现和容纳本单位科技档案的全部内容，使每一种和每一部分科技档案都能在该分类方案的类目体系中找到自己的应有位置，并力求简明易懂，便于检索。

3.要保持科技档案分类方案的相对稳定

由于档案分类关系到档案管理工作的全局，一旦变化则牵一发而动全身，引起档案管理工作的一系列变化，有些工作甚至可能推倒重来，从头做起。因此，科技档案分类方案应具有更长的适用期，一经确定，必须保持相对稳定。

（四）科技档案分类方案的编制方法和步骤

1.调查研究

要熟悉关于科技档案分类的规则、理论、方法和有关文件，研究和掌握本单位科技档案的内容构成和形成特点。

2.形成类目体系

可根据库（馆）藏档案的基本种类和诸如企业档案分类方法等设置科技档案的主要门类（如建设项目类、设备仪器类），划分其属类，进行类目排序，形成本单位科技档案类目体系。

3.确定类别号

为每个类目设置相应的、固定的代字或代号。需要注意的是，同位类的类别号不能重复。

4.制成文件或图表等形式

将形成的企业档案类目体系用文字叙述或图表的形式表达出来。

5.撰写说明

指出本科技档案分类方案的编制依据、分类标准、类目代字或代号的使用方法等内容。

（五）科技档案分类的原则和基本方法

　　档案分类就是根据本单位职能及其档案的来源、时间、内容、特点、形式和相互联系等，把一个立档单位形成的全部档案按照一定的准则分门别类，形成互相具有从属关系和平行关系的有机系统，达到便于科学管理与检索利用的目的。对本单位档案进行科学分类，是档案整理工作的一项核心内容，包括确定分类方法、制订分类方案、编制分类号。档案分类的质量很大程度上取决于分类方法是否科学合理。类目设置应涵盖本单位档案全部内容，并保持相对稳定，还应留有一定余地。分类号应力求简明扼要，方便实用。档案分类方案的分类规则是：同位类之间互不相容；各子项之和必须穷尽母项；同位分类必须按同一标准进行；分类必须按层次进行不能跳跃。

　　作为本单位所有档案组成部分的科技档案，其分类工作也应遵循以上分类规则，其分类基本方法主要有以下几种。

　　1. 按职能分类

　　指按照职能分工划分科技档案类目。各单位多将职能分类应用于本单位档案一级类目（即大类）的设置，例如，工业企业一般可按照《工业企业档案分类试行规则》设置经营管理、生产管理、行政管理、党群管理、产品生产、科研开发、项目建设、设备仪器、会计业务、干部职工等十个一级类目。其中，产品生产、科研开发、项目建设、设备仪器就是科技档案中常见的四种一级类目。也可根据自身特殊情况，在上述十个一级类目的基础上适当增减，如气象、水文观测单位可设置气象观测、水文观测等专业性较强的科技档案一级类目。

　　2. 按专业分类

　　指按照档案内容涉及和反映的专业性质划分科技档案类目。一般适用于产品、设备、基建、科研等科技档案二级及以下类目的设置。

　　3. 按型号分类

　　指按照产品或设备的种类与型号划分科技档案类目。按照型号进行分类，能够使同一型号产品或设备仪器的档案材料集中地反映出其全貌及内部结构的关系。

　　4. 按项目分类

　　指按照独立的项目划分科技档案的类目。按照项目进行分类，是以各个独立的项目为分类单元，将同一项目的档案成套地集中在一起，使其能够全面、系统地反映该项目的全部活动内容和过程。一般适用于科研、基建等科技档案的分类。

　　在分类工作的实际应用中，不同层级可采用不同的分类标准，例如，一级类目按职能分类设置了基建类档案，而基建类档案的二级类目可按项目分类，每个项目的三级类目还可按专业分类，可综合几种分类标准灵活运用。

　　结合以上分类方法，一般而言，产品档案二级类目应按产品的种类或型号来设置；科研档案二级类目应按课题性质或课题来设置；建设项目档案二级类目应按工程性质或工程项目来设置；设备仪器档案二级类目一般按设备仪器种类或型号设置。

科技档案的分类要根据本单位的具体情况，综合考虑包括单位性质、主要的科技生产活动、科技档案种类和数量等各种因素。同时，科技档案分类层次的确定也应如此，对规模较小、科技档案数量不多的单位，可适当简化分类层次，可仅设置一、二级类目；反之，规模较大、科技档案数量较多的单位，科技档案分类层次应多一些，可设置到三甚至四级类曰。而同一立档单位不同门类的科技档案，因工作性质、任务及档案数量的不同，分类层次数量也可有所区别，例如，某一市政建设企业，其设备仪器类档案设置一、二级类目，但基建类档案设置到三级类目。

（六）类别号的编制

类别号即档案类目号，是表示档案类别的一组代号。编制科技档案类别号，就是根据本单位科技档案分类所划定的类目层次，对各级类目给定一个特定的字母或数字，并用一定的间隔符号标明其各级类目层次关系的过程。类别号主要的作用一是标明档案的分类层次；二是反映科技档案分类各级类目的内容；三是固定类目在分类层次中的位置和排列顺序；四是在组织科技档案分类目录时，固定各级类目在目录中的位置与排列顺序。

科技档案类别号的编制方法并未有统一要求，以下两种标识方法可在工作中参考：一是采用汉语拼音或英文字母和阿拉伯数字相结合的混合编号方法，即基本大类或二级类目采用汉语拼音或英文字母标识，用汉语拼音或英文字母顺序反映类目顺序，二级或三级以下的类目采用阿拉伯数字标识，用数字的位数反映类目层次；二是采用阿拉伯数字统一编号方法，即统一采用阿拉伯数字来标识科技档案分类中各级类目的级位和排列顺序。

第七章　特殊载体档案管理

随着科技的发展，以声、光、磁为介质的声像档案的产生越来越普遍，数量也越来越多。我们要开发利用这些生动、形象的特殊载体档案信息资源，以此为高校发展提供更加全面的服务。特殊载体的档案是指单位在工作中形成的照片、录音、录像、影片、电子档案等，它们与纸质档案相辅相成、共同记载了一个单位工作活动的面貌，具有独特的价值。由于它们的制成材料、记录方式和形成规律与纸质档案有很大差别，因此在管理上也有其特殊的要求与方法。

第一节　照片档案管理实务

照片是运用摄影技术记录人们工作活动情况所形成的图片，目前分为传统照片和数码照片。传统照片是将被拍摄物体成像于感光材料上获得的图像；数码照片则是运用计算机与数码影像技术拍摄物体获得的图像，属于电子文件。在体裁上，照片档案分为新闻照片档案、单位活动现场照片档案、自然现象照片档案、艺术照片档案等。

照片档案是通过静态的形象记录活动现场的情况，保留了真切的历史画面，具有能够直观、鲜明、生动地再现历史场景的特点，在帮助人们掌握事实真相、了解历史面貌、提供法律证据等方面具有独特的作用。因此，照片档案是单位和个人记录历史活动情况的一种重要方式，在形式和内容上也成为纸质档案的一种重要的补充。

一、照片档案的构成

传统的照片档案主要由底片、照片、文字说明所构成。

（一）底片

底片是照片档案最原始的材料和最重点的部分，分为原始底片和翻版底片。原始底片是照片在形成过程中最初产生的底片，为防止磨损一般不外借；翻版底片是原始底片的复制品，又称复制底片，作用是保护原版底片，用于外借或补充原始底片的缺损。

（二）照片

照片是通过底片洗印而成的图片，它直接再现被拍摄物体的形象，是人们利用照片档案的主体。

（三）文字说明

文字说明是对照片的事由、时间、地点、人物、背景、摄影者等情况的简短介绍性文字，对于档案管理人员和利用者解读照片档案的内容具有重要的作用。因此，照片档案必须编写文字说明，两者相辅相成，是不可分割的整体。作为档案保存的数码照片，在结构上除了原始的图像及其元数据外，也需要编写说明词，标明照片所反映的事由、时间、地点、人物、背景、摄影者等情况供查考。

二、照片档案的管理

（一）照片档案的收集

照片档案的收集工作应按照国家颁布的《照片档案管理规范》和有关规定，通过例行的档案接收制度和征集办法，将单位在工作中形成的和分散在个人手中的具有保存价值的照片档案集中到单位档案室和各级各类档案馆。

1. 建立照片文件归档制度

为了保证照片档案的完整和安全，应建立照片文件的归档制度，对归档范围、时间和质量要求做出专门的规定，并认真贯彻执行。

2. 明确照片档案的归档范围

照片档案的归档范围应以反映本单位工作活动，具有查考利用价值为原则，具体归档范围应是：

（1）记录本单位主要职能活动和重要工作成果的照片。

（2）领导人和著名人物参加与本单位、本地区有关的重大公务活动的照片。

（3）本单位组织或参加的重要外事活动的照片。

（4）记录本单位、本地区重大事件、重大事故、重大自然灾害及其他异常情况和现象的照片。

（5）记录本地区地理概貌、城乡建设、重点工程、名胜古迹、自然风光以及民间风俗和著名人物的照片。

（6）其他具有保存价值的照片。

如果是传统照片，要求底片、照片和说明文字一同归档；如果是数码照片，则要求原始图像、元数据和说明文字一同归档。

3. 档案室（馆）对照片档案的接收

档案室（馆）应按照《机关档案工作条例》和《档案馆工作通则》的规定接收照片档案。在接收照片档案时，要建立验收制度，注意检查照片的质量，尤其是对于底片应仔细检查，发现问题及时修补或进行补救。同时，为了更好地反映本地区和本单位的历史面貌，对于个人收藏或书刊、画报中的具有历史价值的有关照片，可以组织人员进行翻拍或补拍，以弥补照片档案的不足。

（二）照片档案的整理

按照《照片档案管理规范》的要求，照片档案的底片应单独整理和存放，照片和说明文字应一同整理和存放。

1. 照片档案的分类

（1）底片的分类。底片的分类方法有三种：第一，按规格、尺寸分类；第二，按年度或历史时期分类；第三，按内容分类，如会议、活动、项目、产品、事件等。对于底片数量较少的单位，也可以不分类，按收到底片的先后顺序进行流水编号。

（2）照片的分类。照片一般是以全宗为单位，按年度内容/专题进行分类；有时也可以与相关的文书档案的分类方法一致。如果单位的照片档案数量较多，还可以从摄影的目的、记载的内容和表现形式等出发将照片分为记录性照片和艺术性照片。

数码照片的分类方法与传统照片的分类方法基本相同，按照年度—内容/专题/事件分类，建立文件夹。例如：××建筑咨询公司归档的 2006 年的数码照片，按照活动专题建立了"业务研讨会""业务考察""客户访问""业务指导"等文件夹；当"业务研讨会"类中包含若干个会议时，可以按照会议的时间顺序再建立下个层次的文件夹。

2. 文字说明的编写

照片档案的文字说明是反映照片内容和相关情况、帮助人们利用照片的重要信息，通常应包括事由、时间、地点、人物、背景和摄影者六个要素。单张照片的文字说明置于照片的下方或左右两侧；大幅照片的文字说明可另纸书写，与照片一同保存。

成套的数码照片应该编写总说明词，简要介绍活动的情况；所包括的每张照片下则需按照六个要素写明具体情境。

3. 照片档案的立卷

照片档案的案卷一般按照内容进行立卷；照片档案数量较少的单位，一年的照片也可以组合成一卷。卷内照片档案一般按照重要程度或时间顺序排列；成套的照片档案应排列在一起。

照片档案的编号方法是：案卷按顺序编制流水号码；卷内顺序编制页码；每套照片编一个总号；一套中各张分别编号；每张照片档案的底片、照片、说明词应同编一号。

4. 照片档案的编目

应按照《照片档案管理规范》的要求，填写照片档案案卷的卷内目录、卷内备考表和案卷目录。

对底片进行分类、编号后，要对其进行登记。一张底片或一组底片为一个保管单位，编一个底片号。底片号按收到或发出的顺序编号。底片目录登记簿包括的项目有：分类号、底片号、照片号、简要内容、拍摄者、拍摄时间、拍摄地点、底片数量、技术状况、底片来源、收到或发出日期、备考等。

其中底片号为最重要的一个项目，它编与在收片乳剂面的右上角。由于底片保存在纸袋中，因此，要在纸袋外面同时写明底片号。

（三）照片档案的鉴定

对于形成时间较为久远的照片档案，为了准确判定其内容、背景、人物、事件以及可靠性等，我们需要对其进行考证鉴别工作。考证鉴别的主要途径和方法有：通过文字档案和史料考证鉴别，通过调查走访考证鉴别，实地考察鉴别，以及照片之间进行比较鉴别等。

照片档案价值的鉴定，应遵循档案价值鉴定的原则和要求，参照照片形成的年代、内容、技术质量等因素来判定。

照片档案的保管期限一般划为永久或长期保存比较合适。如果某些照片的内容与本单位、本地区的工作没有直接的关系，只是用于学习、宣传、交流情况，则作为资料保存。

（四）照片档案的保护

照片档案中的底片和照片应分别存放保管；底片单独存放入底片夹，照片与文字说明一起存放。保存底片适宜的温湿度为：温度 13°C—15°C，相对湿度 35%—45%；保存照片适宜的温湿度为：温度 14°C—24°C，相对湿度 40%—60%。同时注意防火、防尘、防污染、防霉变。

为了保证照片档案的完整与安全，照片档案数量较多而有条件的单位，应按照《照片档案管理规范》建造专门的库房保管照片档案；照片档案数量较少或不具备条件的单位，也应购置专门的装具保存照片档案，并采取一定的库房温湿度控制、防尘、防污染等措施，为照片档案的安全保管创造适宜的条件。

三、照片档案的提供利用

照片档案提供利用的方式包括借阅、复制、展览与宣传、咨询、编辑画册等。其中照片档案的展览和编辑画册的方法及程序如下所述。

（一）展览

照片档案展览是指根据工作的需要，按照一定的主题，将照片档案进行系统编排、陈列，供利用者参观的一种提供利用的方式。举办照片档案的展览能够充分发挥照片形象生动、场景真实的特点，起到良好的宣传教育作用。

对于照片档案，可以根据本单位的条件，与其他档案一起设立长期的展览，陈列本单位保存的珍贵照片；也可以结合本单位和本地区的现实活动，如重要纪念日、庆祝日、重要会议等，举办照片档案的展览。

举办照片档案展览的程序主要有选题，选材，进行展示设计，对选用的照片进行放大、缩小、剪裁、标记、装饰等加工工作，编写前言、说明、结束语，展品布置等。

（二）编辑照片档案画册

照片档案画册是按照一定的专题，将有关的珍贵照片集中，并经系统编辑所组成的文献形式，如《毛泽东纪念画册》《北京旧城》画册等。照片档案画册既是宣传教育的一种方式，又是文化传播和交流的一种载体。

编辑照片档案画册的基本程序如下：

1. 选题。照片档案画册的选题要适合馆藏和现实工作活动的需要，具有长远的利用价值。

2. 编制编辑方案。编辑方案的内容包括：照片档案画册的主题内容、编辑目的和要求、选材范围、人员分工、时间安排、工作步骤、质量保证措施等。编辑方案要充分征求意见，并经有关领导的审核批准。

3. 选材。照片档案画册的选材要围绕主题，对所选的照片的价值要进行正确的判定，保证选用照片的真实、典型。

4. 加工和编排。加工是围绕题目并根据画册的要求，对所选用的照片进行校对、编写文字说明和对标点进行考订等。

编排是指根据画册的编辑体例和设计要求，对照片逐件排列，固定照片在画册中的位置。

5. 审校。为了保证画册内容的准确无误，应严格做好照片档案画册的审校工作。审校一般分为初步审校、全面审校和最后审校三步进行。经审校合格后照片档案画册即可出版。

第二节　录音、录像档案管理实务

录音、录像档案目前有两种形式：一种是采用录音机和录像机在磁带上记录单位或个人现场工作活动情况所形成的档案；它在形成以后，需要利用音像视听设备才能收听和观看。另一种是采用数码录音、摄像技术来拍摄单位或个人工作活动情况，成像于磁盘上的数字化信息；它属于电子档案，需借助于计算机设备才能收听和阅览。录音、录像档案分为纪实性和制作性两种类型。纪实性录音、录像档案指在本单位工作活动过程中录制的材料。制作性录音、录像档案指经过策划、录制、编辑而有目的地制作的作品。

录音、录像档案的特点是可以再现当事人讲话、现场的各种声音，以及动态的历史活动景象，具有很强的现场感，生动、直观，因此，它是人们了解真实的历史面貌、证明历史事实的可靠凭据。

一、录音、录像档案的收集

对于纪实性录音、录像档案，我们应按照归档范围的要求，将反映本单位工作活动、具有查考利用价值的材料随时接收归档，由档案室统一保管。为此，我们要向有关人员说明录音、录像档案收集工作的要求和目的，使其在完成录制任务后，及时将有关的音像资料移交档案室进行审查、鉴定和归档。

对于制作性录音、录像档案，有关的广播电台、电视台，以及记者、编辑等采编人员，应将采访录制、编辑加工的各种音像资料进行登记，填写送审表，并送交有关领导审定。送审表的项目包括节目来源、内容、录音或录像地点、原录日期、复制日期、录音或录像效果、机速、播放时间等；只有经过审批后的材料才能归档。与音像材料有关的文字材料应与其同时归档。

在接收录音、录像档案时，需要进行验收，其目的是检查音像材料的质量。验收的程序和内容是核对录音、录像登记表，检查登记簿的各项内容是否填写完整清楚，手续是否完备；随后，根据登记簿的内容听音或观看，核对录音、录像档案内容的技术状况。为此，单位的档案部门应备有视听设备，以便对录音、录像档案进行技术性能的检查。

二、录音、录像档案的分类与编目

录音、录像档案可以按照内容和时间分类。在分类时，应该将机密录音、录像档案与非密的材料区别开来，将原版、复制版等不同版种的材料区分开来。

录音、录像档案应装入特制的封套中，并在封套外面粘贴上标签；标签上应注明题目（内容）、讲话人、录制日期、盘（卷）数、编号、磁带长度、播放时间等项目。文字材料随同装入封套内，统一编号。

对经验收并需入库的录音、录像档案，应按收到的先后顺序进行登记；登记的主要项目有：编号、收到日期、录制日期、内容、责任者、录制单位、录制地点、技术状况、播放时间、数量、备注等。

三、录音、录像档案的保护

（一）专用的库房或装具

录音、录像档案的载体材料是磁性介质，其对磁场的干扰比较敏感；如果较近距离内有磁场，会导致磁记录信号的丢失，使录音、录像档案遭到破坏。为此，大量产生和保存录音、录像档案的单位，应该修建专用的防磁档案库房，以彻底隔绝外界磁场对录音、录像档案的干扰。而一般的单位档案室或保存录音、录像档案数量不多的档案馆则应购置专用防磁装具，以存放录音、录像档案。不具备上述条件的单位，亦应避免在录音、录像档案保管场所同时放置电动机、电视机、变压器等设备，或避免将录音、录像档案存放在这类电器附近。

（二）库房温湿度控制

录音、录像档案适宜的库房温度是 15℃—25℃，相对湿度应保持在 45%—60% 之间。库房温度过高易使磁性介质变脆；湿度过大，则易导致磁性装置受潮变形。为此，录音、录像档案库房应备有温湿度测量仪器和调节设备，以便随时记录、监测和调整库房的温湿度，保证录音、录像档案的安全。

（三）存放方式正确

录音、录像档案应避免平放保存，其正确存放方式为竖放，这样可使其受力均匀，避免磁带变形。

（四）定期重绕与复制

长期保存的录音、录像档案，应每隔 6 个月或在雨季、高温季节对磁带进行重绕，以释放磁带内的压力，并进行定期检查。重绕磁带应注意采用正常转速，卷绕的松紧度要适当，边端要平整，不能出现褶皱、弯曲，防止带体损坏。

为了使录音、录像档案信息长久保存，还应该根据磁带的保存情况，每隔 5 年—10 年时间，进行信息转录的工作。

第三节　实物档案和内部资料管理实务

一、实物档案的管理

实物档案是指单位在工作活动中形成的，有凭证和查考价值的印章、证章、锦旗、奖状、奖杯、匾额等物品，它们是一个单位历史发展的重要见证，因此，各单位应该把实物档案纳入归档范围，档案室每年要按时接收这类档案，并进行科学的管理。

由于实物档案的种类很多，载体形态各异，保管方式和要求不尽相同，因此，一般是对其进行分类收集、登记和保管。

（一）证书类档案的管理方法

证书类档案包括证书、奖状、奖杯、奖牌、奖章、锦旗等，主要反映单位工作、生产、科研或产品研发等获奖的情况。有时上述物品各自独立地反映一个事件；有时证书会与奖杯或奖章为同一事件的证物。

1. 编号和登记方法

证书档案在归档移交前，需要由移交部门进行整理、分类和编制说明材料。证书类档案的编号宜采取年度—组号—分号的编号方法，即先分年度，再把属于同一事件的证书、奖杯、奖章或奖牌作为一组，给定一个组号，组号下面再编分号。

证书类档案登记要按照"年度—事件—品种"的顺序进行。

证书档案的说明材料应该与实物一起移交，其内容包括：奖项名称、奖项级别、颁奖单位、颁奖时间、归档部门、载体类型。

2. 保管方法

绝大多数的证书、锦旗（折叠）、奖章和奖牌等可以采用 A4 大小的档案袋包装保存，一件或一套装入一个档案袋，作为一个保管单位。在档案袋封面上需要标明：档号、奖项题名、奖项级别、颁奖单位、颁奖时间、归档部门、载体类型，以及档案实体存放位置等。

奖杯和有些幅面大的锦旗，不能装入档案袋；有些奖杯和锦旗被长期陈列在单位的宣传橱窗和展室里，为了保持证书之间的历史联系，需要对这些实物拍照，以照片的形式存档。拍摄的实物照片的编号应与实物的编号相一致，并应与配套的证书存放在一起。有条件的单位，可以对所有证书类档案进行拍照存档，形成一套完整的电子照片档案。

（二）印章类档案的管理方法

印章档案是一个法人单位行使职权的象征，不少单位由于名称、隶属关系的变化，印章相应地随着变更，于是积累下来一些过期、报废的印章。这些印章虽然不具现行效用，但却是客观证明单位历史存在的一种重要证据，应予以收集保存。

1. 整理方法

对过期作废的印章应该进行鉴定。一般来说，独立法人单位的印章具有长远的保存价值，单位内部重要职能部门的印章也需要长期保存。由于目前绝大多数印章采用橡胶材料制作，经过较长的岁月后，会发生软化和字体模糊的现象。因此，经鉴定需要归档的印章，应留取印模并拍照，连同原件一起按照年度级别分类、编号。所谓级别是指是法人单位印章，还是内部机构印章。印章的编号宜使用胶带纸粘贴于印章柄的位置，印模和照片上标明相同编号。

2. 保管方法

一些档案部门的做法是：使用 5.5cm 厚的塑料档案盒做装具，盒内用纸板隔成"#"字格，将印章置于格内，周围可用纸团固定位置，在盒盖内侧粘贴印章摆放示意图注明印章名称、编号，以便于根据编号所对应的位置直接提取印章。印模和照片可以装入档案袋存放，封面需要标明印章的名称、编号、存址等信息。

（三）礼品类档案的管理方法

除了上述实物档案外，单位在社会活动中还会收到一些知名人士及外单位赠送的具有纪念意义的字画等纪念品，以及在外事活动中外宾赠送的具有纪念意义的纪念品。单位的有关部门在接收礼品后，应编写文字说明，指出档案的来源、获得时间和缘由、件数，填写礼品类实物档案接收登记簿，一并移交档案室。

档案部门对接收的礼品类档案应逐件拍照，照片要编写说明词，标明原物品的编号，存档保存。礼品类档案一般按时间—类型分类整理、编号登记造册，按照其不同的类型实施管理。

以上各类实物档案应放置在专用柜中保存，注意防火、防盗、防潮。经鉴定无保存价值或已经丧失保存价值的实物档案应编制销毁清册，写明销毁原因，经本单位领导审批后，方可销毁。

二、内部资料的管理

内部资料通常指本单位在工作中编写或编辑的，反映主要职能活动的情况文字及统计材料，它们有的是公开出版物，有的是内部出版物。内部资料是单位工作中形成、创作的一种宝贵的精神产品或信息资源，也是档案的重要补充成分。那些能够反映本单位主要职能活动和历史状况的，具有保存价值的内部资料需要归档保存。

（一）内部资料的收集

内部资料通常包括：大事记、组织沿革、工作年报、工作手册、政策法规汇编、分析与统计资料、产品图集和介绍等原稿以外的印刷文本。内部资料在单位内的形成渠道比较分散，由于不属于正式文件，管理难度也比较大。因此，需要由单位的办公室牵头建立内部资料的管理制度，有效地收集已经编印的内部资料。

按照归档制度，单位组织编写或编辑的出版物和内部资料的原稿应作为档案，按规定的程序归档；已经印制成公开或内部出版物的印刷品，则应按年度向档案部门或档案人员至少移交两本（套）作为资料保存；移交工作应于次年六月底前完成。

（二）内部资料的整理

内部资料的分类方法主要有两种：一种是按照年度—类型分，如政策法规汇编、工作年报、统计资料、产品图集等；另一种是按照年度—编写部门分，如办公室、技术部、人力资源部等。资料分类后，应按照印制的先后顺序排列、编号、加盖单位印章和登记目录，然后入库上架。

（三）内部资料的利用

由于单位一些内部资料的内容涉及技术或经济秘密，因此，在利用上需设定利用权限，经单位领导批准后执行。同时，在档案室查阅内部资料均应进行登记，履行借阅与归还手续。借阅、复制内部资料者无权擅自公布资料的内容或数据；如果发生此类情况，公布者将承担所造成后果的全部责任。

第四节　电子档案管理实务

电子档案，是指通过计算机磁盘等设备进行存储，与纸质档案相对应，相互关联的通用电子图像文件集合，通常以案卷为单位。在行政管理和商务活动中，由于信息处理技术的应用，出现了电子政务和电子商务等管理和经营方式，由此产生了大量的电子档案。加大对电子文件的形成、积累、鉴定、归档及电子档案的保管的管理力度，统一协调，指定专门机构或人员负责，方能确保管理工作的连续性。同时，还要明确规定归档时间、归档范围、技术环境、相关软件、版本、数据类型、格式、被操作数据、检测数据等，以保证电子档案管理的科学性和档案质量完整性。电子档案是具有保存价值并归档保存的电子文件。在计算机网络系统中，电子文件和电子档案是在同一个信息处理系统中进行管理的。

虚拟档案是用来区别于一些客观存在的档案实体，是将实体档案信息以字节、比特方式表示并使之在电脑网络上流动，只有引入正确的软件，硬件与足够的背景细节，这些字节与比特方可随机定位到用户所在的网络终端，以可被理解的文字、数字、图像、图表、符号等到显示用户所需求的档案实体的真实信息。

目前，电子文件所采用的介质主要有磁盘、磁带和光盘。电子档案归档主要用磁带和光盘。

一、电子档案的特点

在单位的计算机信息处理系统中，电子档案是作为管理或经营信息而被保存起来的。它的作用主要表现为两个方面：第一，对于管理或经营活动来说，它是重要的原始凭证，是单位工作目标实现情况的记录，是单位历史面貌的一个组成部分；第二，对于单位的信息系统来说，电子档案是这个系统信息资源的组成部分，它可以直接转化为数据库、资料库中的信息，它是各种信息补充、更新或再生产的重要来源，是系统正常运行的信息保障。主要包括：文本文件、命令文件、图像文件和数据文件。

电子档案是电子文件的转化物，具有电子文件的所有技术特性。因此，在管理上它与传统档案有很大差别。电子档案的特点如下所述。

（一）保管位置较分散

传统档案实行实体集中统一管理形式，单位的档案集中于本单位档案室，国家档案集中于各级各类档案馆。而电子档案则不可能按照上述方式集中管理，它的相当一部分是通过档案部门掌握其逻辑地址而进行控制；有些部分是通过下载将信息转移到保存介质上而集中于档案部门；还有一些电子档案是采用在线集中，即将信息转移到档案部门指定的地址中进行管理。电子档案管理相对分散且形式多样的特点，加大了管理的复杂程度。

（二）保管技术程度高

电子档案的生命是由载体、信息和系统三个部分所构成的。这三个部分的存在和影响因素不一致，也不同步。它们之所以能够构成完整的电子文件或电子档案，是人们通过一定的技术手段将其联结在一起的。电子档案的载体——磁盘是化工制品，老化、污染、磁场等都会影响它的质量，从而破坏信息记录；电子档案信息易受误操作、恶意更改或病毒的侵害；计算机软、硬件系统的升级换代会造成原有环境下生成的文件无法识读和利用。对上述三个方面因素进行管理和控制的艰巨性远远超过了传统档案的管理方式，是信息化环境下原始记录保管的重大课题。

（三）信息再利用及时

电子档案信息在计算机网络系统中再循环的即时性强。传统档案信息在现行活动中的转化方式有两种：一种是在单位使用档案的过程中将有关信息提取出来，融入现行文件当中；另一种方式是档案部门编辑一些档案参考资料，提供给单位使用。前一种方式的信息使用过程具有一次性；后一种方式的信息虽专题性、系统性强，但转化过程慢，时效性较低。在计算机网络系统中，电子档案信息可以同时以不同的形态分流，即电子档案归档的同时，那些具有数据价值的信息被数据库采集，有资料价值的进入资料库，又成为新的电子文件的来源。

（四）可以在线利用

电子档案的利用可以采用非在线方式，但是更多情况下是采用在线方式。电子档案在线利用的方式对于用户来说基本上摆脱了地域和时间限制，调阅文件的主动性强、批量大和表现方式多种，使文件查找速度快，可以实现信息或数据的共享，因此这种方式能够充分发挥信息系统的优越性。由于在线利用是一种信息管理者与用户非接触式利用方式，所以，利用过程中的信息真实性证实方式、信息复制和公布的权限、信息拥有者及内容涉及者权益的保护等问题等，都是在管理中需要加以解决的。

二、电子档案的归档

（一）归档范围

国家档案局发布的《电子公文归档管理暂行办法》规定：电子公文的归档范围参照国家有关纸质文件的归档范围进行归档并划定保管期限；电子公文的收发登记表、机读目录、相关软件、其他说明等应与相对应的电子公文一同归档保存。电子公文形成单位应指定有关部门或专人负责本单位的电子公文归档工作，将电子公文的收集、整理、归档、保管、利用纳入机关文书处理程序和相关人员的岗位责任。机关档案部门应参与和指导电子公文的形成、办理、收集和归档等各工作环节。

（二）归档方式

1. 物理归档方式

物理归档包括介质归档和网络归档两种方式。介质归档是指文书部门将电子文件下载到存储介质上移交给档案部门；网络归档是指将电子文件通过网络直接传输给档案部门进行存储。物理归档可以实现电子档案的集中管理。

2. 逻辑归档方式

逻辑归档是指文件形成部门将归档电子档案的逻辑地址通知档案部门，从而使档案部门实施在网络上控制与管理电子档案的归档方式。经逻辑归档后，一方面，电子档案的物理存在位置不会改变；另一方面，文件形成部门可以利用该文件，但是却不能对其进行修改和删除。

3. "双套制"归档

《电子公文归档管理暂行办法》规定，电子公文形成单位必须将具有永久和长期保存价值的电子公文，制成纸质公文与原电子公文的存储载体一同归档，并使两者建立互联。这种做法就是我们所说的"双套制"归档。采取"双套制"归档主要是为了应对计算机或网络系统出现意外故障时，确保电子档案信息的完整性和真实性。

（三）归档时间

电子档案的归档时间分为实时归档和定期归档两种情况。实时归档是指电子文件形成后即时归档；定期归档是指按规定的归档周期归档。一般情况下，通过计算机网络归档的电子档案应采取实时归档；介质归档可以采取定期归档。

（四）归档要求

1. 齐全完整

电子档案归档的齐全完整指除了文件内容之外，还要接收生成电子文件的软、硬件环境信息，如电子档案的设备、支持软件、版本、说明资料；需要永久和长期保存的电子公文，还应在每一个存储载体中同时存有相应的符合规范要求的机读目录。

2. 真实有效

真实有效是指归档的电子档案应该是经签发生效的定稿，图形文件如果经过更改，则应将最新的版本连同更改记录均予归档。

3. 整理编目

在电子档案归档前，文件形成部门应对文件载体进行整理，并在其包装盒表面粘贴说明性标签；对文件的形式和内容进行著录、登记等。归档时，应将有关的目录和登记表同时移交给档案部门。

4. 安全可靠

重要部门或有条件的单位，最好对电子档案实行双套异地保存，以便于在突发灾难性事故发生时，确保单位核心文件的完整与安全。

（五）归档手续

1. 进行技术鉴定

电子档案在归档时要进行技术鉴定，鉴定的内容包括档案的技术状况是否完好、支持软件、配套的纸质文件和登记表格是否完整等。《电子公文归档管理暂行办法》规定，电子公文形成单位应在电子公文归档时对相关项目进行检查，检查项目包括与纸质公文核对内容、签章，审核电子公文收发登记表、操作日志及相关的著录条目等，确认电子公文及相关的信息和软件无缺损且未被非正常改动，电子公文与相应的纸质公文内容及其表现形式一致，处理过程无差错。通过存储载体进行交接的归档电子公文，移交与接收部门均应对其载体和技术环境进行检验，确保载体清洁、无划痕、无病毒等。检验的结果应填写《电子档案接收检验登记表》。

2. 履行归档手续

采用介质归档方式的电子档案，在对归档文件检验合格、清点无误后，移交的双方应在《归档电子文件登记表》《归档电子文件移交检验表》和《电子档案接收检验登记表》上签字盖章。移交文件均一式两份，交接双方留存备查。

采用逻辑归档或网络归档方式的电子档案，首先由文件形成部门为文件赋予归档标识，然后提交给档案部门；档案部门再给已经归档的文件赋予档案管理标识。实行逻辑归档或网络归档时，计算机系统可自动生成《归档电子文件登记表》，打印输出后，移交双方签字盖章、留存备查。采用"双套制"归档的纸质文件履行与纸质公文相同的归档手续。

三、电子档案的管理

有效的电子档案管理是实现人类社会原始历史记录在信息时代得以真实、完整、可靠保管的有力保证，是档案学、信息科学以及管理学的交叉融合。计算机支持的协同工作、信息时代的档案领域、电子档案的形成机制、电子档案管理模式、电子档案管理规范、电子档案全文检索工具——EAD，以及数字档案馆系统工程等是在社会信息化的大背景下构建电子档案管理的理论体系，尤其是网络化、数字化环境下电子档案管理手段、管理模式的变革使得目前电子档案管理尚处于探索阶段，根据国内外的有关理论与实践，电子档案的管理主要涉及如下方面。

（一）电子档案的管理模式

1. 单位内部的文档一体化管理模式

单位内部的电子文档一体化管理主要是通过计算机管理软件来实现。这样的文件和档案管理软件通常是一个包括文件发文处理环节、收文处理环节、分类、鉴定、立卷、归档、接收、著录、标引、检索、调阅、登记、统计等全部文书处理与档案管理环节的系统。该系统在运行时，单位日常管理和经营活动中生成的数据、文件、表格、单据等均在计算机网络上进行传递、交换、处理和管理；同时，电子档案的目录、索引自动生成，并可以实现即时归档。各种信息的用户及管理者通过身份验证系统得到使用权限的确认后，才能进入系统进行操作。

2. 档案馆电子档案的管理模式

档案馆管理阶段的电子档案管理模式有两种：第一种是"集中保管的模式"，即立档单位将失去现行效用，并具有长远保存价值的电子文件移交给档案馆集中保管；第二种是"分布保管的模式"，即电子文件始终由立档单位自己负责保存，档案馆对电子文件具有一定的控制权利，并对其管理进行指导。

3. 数字档案馆的管理模式

数字档案馆是利用计算机网络远程获取文件信息并进行管理的一种档案机构；它是运用网络技术在逻辑上组织存储于不同地址的电子档案信息，构成档案信息资源共享的环境，为用户提供便利的利用服务。数字档案馆的信息源是各个机构的电子档案。数字档案馆对电子档案实行的是虚拟的管理方式，即电子档案可以存储在立档单位的地址中，也可以存储在档案馆指定的地址中，档案馆对电子档案的管理和存取都在计算机网络上进行。

（二）电子档案的保管

电子档案的特性不同于纸质档案，决定其在保存与维护方面的复杂性。如何保存、维护电子档案，使之安全、可靠并永久处于可准确提供利用的状态，是档案工作者急需解决的问题。具体要求如下：

1. 要保证电子档案载体物理上的安全

一般情况下，电子档案是以脱机方式存储在磁、光介质上，所以，要建立一个适合于磁、光介质保存的环境，诸如温湿度的控制，存放载体的柜、架及库房应达到的有关标准的要求，载体应直立排放、并满足避光、防尘、防变形的要求，远离强磁场和有害气体等。

2. 要保证电子档案内容逻辑上的准确

电子档案的内容是以数码形式存储于各种载体上的，在以后的利用中，必须依赖于电子计算机软硬件平台将电子档案的内容，还原成人们能够直接阅读的格式进行显示。这对于电子档案而言是一个较为复杂的过程。因为，电子档案来自各个方面，往往是在不同的电子计算机系统上形成的，且在内容的格式编排上也不尽一致，这种在技术和形式上的差异，必然导致在以后还原时，所采用的技术与方法的不同。而电子档案在形成时所依赖的技术，往往是已经过时的技术，这是科技进步所带来的必然结果。因此，除对电子档案本身进行很好的保存外，还必须对其所依赖的技术及数据结构和相关定义参数等加以保存，或采用其他方法和技术力加以转换。

3. 要保证电子档案的原始性

对于一些较为特殊的电子档案，必须以原始形成的格式进行还原显示。可采用以下三种方法：一是保存电子档案相关支持软件，即在保存电子档案的同时，将与电子档案相关的软件及整个应用系统一并保存，并与电子档案存储在一起，恢复时，使之按本来的面目进行显示；二是保存原始档案的电子图像；三是保存电子档案的打印输出件或制成缩微品，因为这是最为稳妥的永久保存方法。

4. 要保证电子档案的可理解性

对一份电子档案的内容来说，常常有不被人完全理解的情况。为了使人们能够完全理解一份电子档案，就需要保存与档案内容相关的信息。这些信息应包括：元数据；物理结构与逻辑结构的关系；相关的电子档案名称、存储位置及相互关系；与电子档案内容相关的背景信息等。

5. 要对电子档案载体进行有效的检测与维护

电子档案载体，特别是磁性载体，极易受到保存环境的影响。因此，对所保存的电子档案载体，必须进行定期检测和拷贝，以确保电子档案信息的可靠性。定期检测，应每年一次，采用等距抽样或随机抽样的方式进行，样品数量以不少于 10% 为宜，以一个逻辑卷为单位。首先进行外观检查，确认载体表面是否有物理损坏或变形，外表涂层是否清洁及有无霉斑出现等。然后进行逻辑检测，采用专用或自行编制检测软件对载体上的信息进行读写校验。通过检测发现有出错的载体，须进行有效的修正或更新。应每四年拷贝一次，且原载体继续保留的时间不少于四年。对于电子档案的检测与维护，必须进行严格管理，因为任何一次误操作，都可能使保存的电子档案遭到人为损害，甚至造成难以弥补的损失。必须建立相应的维护管理档案，对电子档案的检测、维护、拷贝等操作过程进行记录，避免发生人为的误操作或不必要的重复劳动。

对电子档案的有效保存与维护，是一项极其重要而复杂的工作。因而，在对电子档案的保存与维护过程中，应充分考虑环境、设备、技术、人员及电子档案的特点等综合条件，来制定技术方案和工作模式，并采取有效措施，以确保电子档案的安全可靠，能够永久地处于可准确提供利用的状态，使其在社会生活中发挥更大的作用。

此外，与纸质档案相比较，电子档案信息的完整性和真实性面对着来自载体自身和计算机网络环境中一些不安全因素的威胁，因此，应利用现有的电子信息安全防护的技术手段，如信息加密、电子签名、身份识别、防止计算机病毒、信息备份、信息迁移技术等，维护电子档案信息的安全。

（三）电子档案的提供利用方式

1. 文件下载的提供利用方式

文件下载的提供利用是指档案部门向用户提供电子档案软硬磁盘、光盘等版本的利用方式，一般包括如下方式：

（1）阅览室阅览。一般情况下，不便在计算机网络上阅览的以及具有机密性的电子档案，应在档案室（馆）的阅览室中提供利用。为此，档案室（馆）一方面应在阅览室中配备专用的计算机阅览设备；另一方面要建立相关的阅览制度，对用户阅览、拷贝、摘抄档案信息的手续、权限等做出明确的规定，保证电子档案信息的安全利用。

（2）出借。出借是指在单位内部，因工作需要将电子档案磁盘和光盘借给有关人员在工作岗位上利用的方式。电子档案的出借必须建立严格的审查与借阅制度，手续要严密；同时，对利用者所承担的不得摘抄、复制责任和保密责任应予以规定。

（3）复制。复制是指档案室（馆）依照有关的法律法规向用户提供复印文件和图纸以及拷贝的胶片、光盘等各种载体的电子档案复制件的提供利用的方式。采用复制的方式提供电子档案，有利于充分发挥其作用、保护原件。

2. 档案在线提供利用方式

档案在线提供利用的方式是指通过计算机网络系统为用户提供档案信息。由于档案信息的特殊性，在线提供利用又分为办公自动化的单位内部网络提供利用和互联网向社会提供利用两种方式。

办公自动化的单位内部网络通常用于提供开放期限未满和暂时不宜公开的档案信息。因此，在提供利用中要对上网的信息进行选择，并对利用者的权限加以限定。

互联网用于开放档案的提供利用，其具体形式包括：提供开放的档案目录，公布档案原件，举办网上档案展览，介绍档案馆馆藏等。利用互联网提供利用档案信息可以实行无偿服务，也可以实行有偿服务。

（四）电子档案的销毁

对保管期限已满失去保存价值的电子档案需要实施销毁。电子档案的销毁工作程序与纸质档案的销毁程序相同，档案室（馆）需要组成档案价值鉴定小组或鉴定委员会，组织对保管期满的电子档案进行价值复审，对确认已经丧失保存价值的档案编制销毁清册和编写销毁报告，报请有关领导或上级部门审批，然后方可实施销毁。

电子档案的销毁方式分为软销毁和硬销毁。采用数据等软件方法（如覆盖、删除等）销毁电子档案的方法称为软销毁，适用于非密或密级不高的电子档案；采用理化方法（如粉碎、溶解等）直接销毁存贮介质及其承载信息的方法称为硬销毁，适用销毁密级高的电子档案。无论采用哪种销毁方式，都需要执行双人监销，检查、签字确认的制度，以保证档案信息安全。

电子档案的销毁工作程序与纸质档案的销毁程序相同。采用数据等软件方法销毁电子档案的方法称为软销毁，适用于非密或密级不高的电子档案；采用理化方法（如粉碎、溶解等）直接销毁存贮介质及其承载信息的方法称为硬销毁，适用销毁密级高的电子档案。无论采用哪种销毁方式，都需要执行双人监销，检查签字确认的制度，以保证档案信息安全。

具体程序为：

1. 成立档案鉴定小组，负责对电子档案的鉴定领导和组织实施工作，任何组织和个人不得擅自对电子档案进行鉴定；

2. 电子档案的鉴定根据《档案法》、档案行政管理部门有关规定及《本单位电子文件归档范围和保管期限表》逐卷或逐件进行；

3. 鉴定方法是由鉴定人员对每卷（或每件）电子档案进行审阅，写出鉴定意见，然后送鉴定小组复审鉴定；

4. 需销毁的电子档案，由档案室提出建议，编写销毁清册，由电子档案鉴定小组写出书面报告后，经分管领导批准并备案后方可执行；

5. 监销人员在销毁电子档案前，认真核对销毁清册的内容与需销毁的档案是否一致。具体销毁根据国家有关规定执行。销毁后，在销毁清册上签字，销毁清册由街道综合档案室归入全宗卷；

6. 属于保密范围的归档电子文件，如存储在不可擦除载体上、应连同存储载体一起销毁，并在网络中彻底清除。不属于保密范围的归档电子文件可进行逻辑删除。

第八章 档案工作的现代化

第一节 档案工作现代化概述

自 20 世纪 50 年代以来，科学技术的革命浪潮正推动着世界范围内档案工作的技术革命。其目的是采用先进的技术装备和手段解决档案工作面临的各种复杂问题，提高档案工作的效率，使宝贵的文化财富——档案在社会发展中得到充分有效的利用。

新中国的档案工作在党和国家的重视与关怀下得到了迅猛的发展，建立起具有国家规模的社会主义档案事业，妥善地管理着大量的历史档案和中华人民共和国档案，为社会主义革命和建设做出了重要贡献。但在管理方法和手段方面，与世界先进水平相比还有不小的差距，不能适应档案工作的开展，满足不了社会主义现代化建设总任务提出的要求，因此，档案工作迫切需要现代化。

一、档案工作现代化的必要性

（一）实现档案工作的现代化是社会主义现代化建设对档案工作的要求

全党全民的总任务是实现社会主义现代化。在实现现代化、赶超世界先进水平的过程中，无论是经济建设、科学研究还是机关工作方面，利用档案材料是必不可少的条件。要赶超，必须摸清国际国内的动态，了解过去、现状以及今后发展趋势，才能确定赶超的目标和方向。这就要求档案工作能迅速、准确、全面、系统地提供社会主义现代化建设所需要的档案材料。而传统的档案管理方法无法满足这些要求，只有采用现代化手段，在几分钟几十分钟内，可以把馆（室）所藏的档案材料查找一遍，及时提供出来，才能满足社会主义现代化建设的需要。所以，实现档案工作现代化是适应我国社会主义现代化建设、赶超世界先进水平所要求的。

（二）实现档案工作的现代化是档案事业发展的需要

随着社会主义事业的不断发展，档案的类型和数量急剧增长，特别是电子档案的大批量涌现给保管和使用带来一系列问题。随着社会主义现代化建设的发展，无论是科学技术工作者或机关干部，都要求对入藏档案处理得仔细，能及时地、无遗漏地把所需档案材料提供出来，并迅速传递到每一个需要使用的地方。而手工管理的落后状态已无法解决档案工作面临的种种难题，影响档案事业的发展。因此，改革落后的管理手段已成为急迫的任务了。科学技术的发展，特别是电子计算机和缩微技术广泛应用于档案工作，为实现档案工作的现代化提供了可靠的物质基础。

综上所述，档案工作的现代化是社会发展的要求，是档案事业发展的必然趋势，将给档案工作带来巨大的变革。

二、档案工作现代化的主要内容

（一）档案工作技术现代化

档案工作技术现代化是指档案的记录、存储、整理、加工、查找、报道、交流、传递都用当代先进的科学技术装备起来，实现工作手段的现代化。它涉及广泛运用电信设备、电子计算机技术、印刷技术、复制技术、缩微技术、声像技术等。比如，广泛使用计算机进行档案的检索、编目、库房管理、阅览管理、各种统计工作，并把电子计算机与现代化的缩微技术、通信技术有机结合起来，实现管理自动化。

（二）档案工作组织与管理现代化

档案事业的建设和档案工作的组织与管理，以系统论、信息论、控制论等现代化的科学理论为指导，运用管理科学的原理，遵循档案工作的客观规律，研究和处理档案管理工作的各种问题。做到管理方法科学化，管理机构高效化，管理工作计划化，档案工作标准化，使档案管理与组织工作更趋于完善。

（三）干部知识化

由于设备的现代化和管理的科学化，需要建设一支具有现代化科学技术知识和业务知识的专业干部队伍。他们不仅应具有较高的政治素养和愿意为社会主义档案事业献身的进取精神，还应懂得电子计算机的基本理论和基本技能，能够进行技术操作和管理，在档案专业上有较深的造诣，才能适应档案工作现代化的需要。

总之，现代化的技术装备与掌握这种技术的人以及科学管理构成了档案工作现代化的三个要素，也就是档案工作现代化的主要内容。

三、档案工作现代化的结果和影响

档案工作现代化，将给档案工作带来重大的变革。其结果主要包括以下几个方面。

第一，利用计算机检索档案，将极大地提高档案的查找速度，有较高的查全率和查准率，可节约利用者查阅档案的时间，提高服务质量。

第二，利用计算机和现代通信设备，将使档案信息处理、报道、传递的时间大大缩短，档案馆将从保管史料的基地发展为名副其实的科学研究和各方面利用档案史料的中心、档案信息的中心。

第三，缩微技术与计算机的广泛运用将给档案的保管带来极大的方便，使档案的体积大为缩小，以计算机输出缩微胶卷（片）的形式提供档案材料，确保档案原件不受损坏。

第四，建立计算机检索终端，提供快速复印和复制服务。使用者可从电脑屏幕上查阅所需要的档案材料，立即获得所需要的复制本，这给使用者使用档案创造了极为方便的条件。

第五，科学地对电子档案进行管理。档案工作者应当了解电子文件管理系统运行的基本原理，熟练掌握电子档案收集、整理、鉴定、保管、检索、利用的具体方法，完整系统地把具有保存价值的电子档案保存下来，更好地为广大使用者服务。

档案工作现代化提高了工作效率和质量，从而使档案工作更好地为社会主义现代化建设服务，使档案资源能得到充分开发和合理利用，必将对社会主义事业的发展产生积极的影响。

第二节　档案工作技术现代化

档案工作技术现代化是以计算机为核心，将缩微、复印、声像等新技术和装备广泛应用于档案工作。

一、档案工作计算机化

在世界范围内，大家公认电子计算机是实现档案工作现代化的理想工具。根据国内外的经验，档案工作可以应用各种类型的计算机（大型机、中型机、小型机、微型机）、各种外围设备处理各种业务。具体应用于档案的接收、编目、检索、借阅和归还，库房的管理、辨认，到期档案的销毁、统计、修复和消毒等。各级档案部门应从实际出发，逐步建立起以下自动化系统。

（一）计算机检索系统

计算机检索系统是档案工作计算机化的重点，因为检索在档案馆（室）的业务工作中占有重要的地位。国外许多大型档案馆已建立了计算机检索系统，我国也正在进行实验。计算机检索系统是将每份文件或案卷的内容和外形特征，包括档号（全宗号、案卷目录号、案卷号、件号或页号）、分类号、缩微号、题名（标题）、责任者（作者）、文件种类、文本、文件编号、保管期限、密级、主题词、内容提要、附注等著录项目填写在统一格式的计算机输入卡片上，即将档案原件转化为档案二次信息，输入计算机内，按特定的格式贮存在磁性载体上，形成数据库，需要时利用计算机进行高速检索，最显著的特点是高效率和多用途。计算机可以每秒几十万次、几百万次、千万次、上亿次的运算速度查找档案。对于一个使用者的提问，计算机一般只用一两秒钟可做出响应，检索一份文件或一个案卷只需若干秒，查找一个专题的档案材料，少则一两分钟，多则十分钟左右即可检索完毕，查全查准的可能性大，只要标引准确，凡输入计算机内的任何档案材料都能无遗漏地查找出来。检索途径很广泛，能够一种输入多种输出，一次输入多次利用，一处加工多处使用，一种方式加工多种方式应用。计算机依照工作人员的指令，可以将输入的著录项目自动分别编为按时间、作者、专题、主题、文件种类、文件编号、保管期限、密级排序的目录或索引，用多种载体输出，打印在纸张上的有卡片式和书本式目录，用胶片、磁带和穿孔纸带输出，制成机读目录、缩微胶卷与平片，或在屏幕上显示，能灵活地满足使用者使用档案的多种需求。

随着计算机处理功能的提升以及电信设备的结合，检索系统从成批检索发展到联机检索和网络化。所谓成批检索，就是根据用户的提问和要求，按批量集中地由专职检索人员进行检索操作，然后把检索结果提供给用户口成批检索的缺点是用户不能与计算机对话，修改提问困难，不能立即得到检索结果。联机检索就是把以计算机为主的中心处理装置和分散在各地的多终端用电话线路直接联系起来，由终端装置输入提问并直接得到答案口联机检索实现了人机对话，可以随时修改检索提问，立即从终端得到检索结果。近年来，又产生了由具备独立功能的计算机检索系统用电信线路相互联结，形成巨大的计算机检索网络，每一个档案检索系统是计算机网络中的一个节点，每个节点又可以连接许多终端，使用者可以使用任何一个终端设备检索到网络中任何一个检索系统的档案材料。

（二）计算机借阅管理系统

计算机借阅管理系统一般应具有借阅、预约、查找、统计等功能。借阅功能是识别借阅人是不是本馆（室）的合法借阅者，如果是，则应查明要借什么，是在馆（室）内阅览，还是外借，借期多长，凡准许借用的则做好借阅记录并存储下来，自动计算出归还日期，对于每日外借的档案，能打印出催还的通知。预约功能是指预约登记、预约排队，检查同一使用者是否重复预约或是否有人提前已经预约，能够显示全部预约者名单，告诉预约者何时才能借到所需要的档案材料。查找功能是指能够直接查找档案，回答该档案是否在库房中，是否被借出或正在整理、鉴定、修复。假若库房内有，即打印出借阅单，随同档案传送到阅览室。统计功能可以统计使用者人数、借出档案总数、利用目的、利用类型、利用效果、拒借次数等。具有上述功能的借阅系统已在国外的档案、情报、图书部门中应用。

（三）计算机统计系统

统计是档案工作的一个重要组成部分，基本任务是对档案工作发展情况进行统计调查、统计分析，提供统计资料，实行统计监督，以计量化的管理发挥数学方法在档案管理中的作用。建立统计系统应符合国家档案局制定的统计报表的要求，除了必须将档案机构、人员、馆藏、库房、利用、编研等各方面的基本数字输入计算机存储外，各档案馆（室）还应有更具体的统计，比如单份文件的统计，案卷数量或存放箱、柜、架的长度统计，以全宗为单位和整个档案馆（室）保存档案情况的统计，各个业务环节现状，利用人次和效果，利用目的、类型、拒借率、馆外未接收档案状况的统计，每年有多少档案要进馆，等等。档案管理机关应将各档案馆（室）档案的构成、档案利用情况、档案人员及其素质、档案经费、档案馆（室）建设、档案的增长和销毁等凡是有用的统计数字输进计算机存储起来，使用时可根据指令制成各种统计报表，及时打印出来，作为领导和业务部门进行组织管理和决策时的依据和参考。

（四）计算机库房管理系统

计算机库房管理系统包括两方面的功能，一方面，计算机可随时把库房的情况反映出来。如库房内存放有什么档案材料，各类档案材料存放在库房何处，每个全宗的案卷和文件数量，每个柜、箱、架上是什么档案，档案保管状况，是否被调阅，库房空间的安排。另一方面的功能是对库房进行自动化管理，库房内的各种自动装置在计算机发出的指令下，进行档案搬运、上架，对库房空气和温湿度进行调节，创造保管档案最适宜的人造"小气候"，自动控制取暖、照明、防火系统、报警装置，确保库房的安全。建立库房管理系统，也需要将入库档案的各种数据、库房设备的各种数据输入计算机存储起来，建立完善的控制系统，需要时可随时打印出库房档案的清单和各种统计报表，实现库房的自动化管理。

（五）计算机行政管理系统

运用计算机进行档案工作的财务管理、人事管理、行政管理、设备管理，情况分析和报告，预测和规划、决策，办公室自动化等。

此外，计算机还可以在档案编研、出版、缩微胶片、声像档案管理等各方面应用。

二、档案缩微化

档案缩微化是档案工作现代化发展的新趋势。由于社会主义建设事业的发展，档案数量与日俱增，给保管和利用带来一系列问题，而缩微技术的应用是解决这些问题的有效办法。

近年来，缩微复制技术在档案部门得到广泛应用，在世界范围内产生了档案缩微化的趋势，成为档案存储的重要发展方向。它不仅能解决档案材料存储的空间问题，而且在计算机处理档案信息工作中，能不断扩大信息存储量，提高档案利用服务的自动化水平。它的突出优点是能够保持档案原貌，大大缩小档案的体积，节约存储空间，使规格统一，便于保管和利用；有利于保护档案原件，延长档案的寿命；保存时间长，不易损坏和变质；

成本低廉，节省人力、物力。如果实行档案缩微化，普通缩微度为 1/10—1/40，超缩微可以缩小百分之几、千分之几。人们按照缩微的密度推算，一个保存档案达几十万卷的档案馆可以将档案全部缩微后放在一只手提箱内。近年来，技术发达的国家在光学信息存储技术方面有新的突破，运用激光打点的记录方法把缩微密度提高到更高的程度。

档案缩微制品能不断更新换代，无限期保存下去。实验证明，缩微品可保存长达几百年，比纸张的寿命要长得多，还可以不断复制，达到永久保存的目的。现在，由于摄影技术的进步，摄影机、胶卷、平片价格的降低，冲片过程完全可以实现自动化管理，档案工作人员经过训练就可以自由操作。每个档案馆（室）都可以根据需要进行档案缩微工作。

缩微化与电子计算机相结合是档案工作现代化的重要内容。电子计算机依靠存储器，存储量有限制，价格也比较昂贵，假若把档案的原文全部存储起来是很不经济的，一般只把档案的二次信息输入计算机，而缩微复制可以把档案原件全部缩微，既能节约资金，又便于管理。从某种意义上说，缩微档案库实际就是计算机的外存储器。所以，缩微技术与计算机结合，二者相辅相成，互为补充。从长远来看，为了解决档案数量的急剧增长和载体的不断老化问题以及由此带来的保管和使用上的问题，采用档案缩微化势在必行。技术发达的国家都在大力进行档案缩微化工作。

三、复印技术在档案工作中的应用

近年来，复印技术发展很快，复印的种类和方法很多，如重氮复印法、热敏复印法、兰图复印法、电子扫描复印法、静电复印法等。其中，以静电复印法占主导地位。

静电复印技术在国内外的应用相当普及，档案馆（室）大多备有复印机为使用者复制档案。它具有速度快、效率高、使用方便、价格低廉、保持档案原貌、复印份数不限、不需要阅读器就可以阅读等优点，是档案收集、存储、交流和传播的一种重要手段。从 20 世纪 80 年代开始，我国档案馆（室）广泛应用静电复印技术开展复印业务，使使用者不必手抄档案材料，节省了时间和人力。对于珍贵档案、利用频繁的档案，使用静电复印技术，既能保护原件，又方便工作，很受使用者欢迎。

目前，复印技术发展的一个特点是复印设备的系列化和自动化，即印刷品复印、缩微、缩微品放大再复印等工序配套，实现自动化生产，工作效率大大提高，因而受到各行各业的普遍重视，并得到了较广泛的应用。

四、声像技术在档案工作中的应用

随着科学技术的发展，近一个世纪以来，出现了录音带、录像带、电视片、电影片、幻灯片、唱片等新型档案材料，完全脱离了白纸黑字的印刷和书写形式。这些新型的档案材料已正式列入档案馆（室）的收藏范围。它们在档案馆（室）藏量中所占的比例越来越大，总有一天，这些以磁带、胶片为载体的档案材料甚至会达到与以纸张为载体的档案相抗衡的地步。目前，在档案馆（室）的阅览室内，不仅可以借阅纸质档案，还可以戴上耳机听录音档案，在荧光屏前看录像、电视、电影等。声像档案具有能闻其声、观其形的特殊效果，给人以直接的感觉认识，有助于使用者更深刻地理解事物的形态、性质、现象、过程。但它往往不能用肉眼直接阅读和观看，必须借助于特殊器材才能使用。为了适应上述档案材料日益增长的需要，档案馆（室）也要相应地增加设备和专用库房，档案人员也必须掌握保管这些档案的知识，学会操作使用，进行科学管理，才能使其发挥应有的作用。

综上所述，档案工作技术现代化主要体现在档案工作计算机化，档案情报信息传递自动化、网络化，档案存储缩微化，电子档案的科学管理（见第七章第四节）以及复印技术、声像技术在档案工作中的应用。

第三节　档案工作管理现代化

一、管理思想现代化和管理方法现代化

（一）管理思想现代化

实现管理现代化首先要树立先进的管理思想，学习科学的管理理论，继而采用与之相适应的组织结构、组织行为、管理方法和管理手段，才能达到预期的目的。

党的十一届三中全会公报指出："实现四个现代化，要大幅度地提高生产力，也就必然要求多方面地改变同生产力发展不适应的生产关系和上层建筑，改变一切不适应的管理方式、活动方式和思想方式，因而是一场广泛、深刻的革命。"档案工作要实现管理现代化，也必须进行管理思想上的革命。从我国档案工作的实际出发，总结新中国成立以来档案管理中的经验教训，克服轻视管理的思想，深刻分析档案工作中曾经存在的"左"的思想，抛弃过时的、因循守旧的、小生产家长式的管理方法，代之以科学理论为指导的现代化的管理方法，讲究管理的科学性和有效性。管理是一门科学，必须运用科学的理论来指导档案管理工作。现代管理科学是建立在自然科学和社会科学的基础之上，包括经济学、数学、物理学、科学学、社会学、心理学等各种技术科学的成果，并且运用系统论、控制论、信息论、运筹学、行为科学、现代经济计量学以及最优化技术、计算机技术等最新科学成就而形成。档案管理工作要在管理科学理论的指导下大胆探索，立志改革，改变一切不适应的管理方式和方法，遵循档案和档案工作的客观规律进行科学管理。

管理的重要目的之一，是提高有效性。所谓管理的有效性，就是档案工作组织达到既定目标的程度，它以档案工作获得的成效来衡量。档案工作的成效要从社会效益、经济效益、历史效益、现行效益等方面去综合衡量，不能仅强调其一方面，要把几方面有机结合

起来，全面地看档案工作为党和政府、经济建设、科学研究和"两个文明建设"提供服务的数量和质量，具体地说就是现代化管理的效用是否符合人民利益、社会进步和建设社会主义事业的需要。

实现管理思想上的革命，要善于学习和借鉴国外先进的管理经验和管理方法，做到"洋为中用"。全体档案工作者，特别是领导干部更应努力学习。只有通晓管理并具备一定的专业知识，才能把档案工作管理好。

（二）管理方法科学化

管理方法是人们为了使被管理系统的功效不断提高，在管理活动中为达到目的所采取的手段、措施、途径等。管理方法科学化，就是由单纯用行政领导和宣传教育方法演变为行政领导、法律、经济、宣传教育、咨询顾问等方法的综合。

新中国成立以来，按照社会主义事业的需要，从中央到地方建立起档案工作组织系统，通过下级服从上级的行政手段，实现自上而下的业务指导和监督，实现对档案和档案工作的集中统一管理，维护档案的完整与安全，使整个档案工作系统在统一目标、统一意志、统一行动下开展工作，卓有成效地发挥管理职能，各级档案事业管理机关负责领导、决策、计划、组织、指挥全国和地方的档案工作，通过行政组织、行政层次、行政手段以及指示、规定、指令性计划、制定规章制度等方式和方法对各地各单位的档案工作进行干预，因事、因时、因人灵活处理各种复杂的问题以加强和改善对档案和档案工作的管理。在运用行政方法的同时，辅之以宣传教育的方法。通过政治思想工作，用马列主义、毛泽东思想教育广大干部，启发和提高革命觉悟，自觉地、积极地贯彻和执行档案工作的法令、方针政策、规章制度，完成各项任务，取得巨大的成就，建立起一个门类齐全、具有中国特色的社会主义档案事业体系。

行政方法是执行管理职能的根本手段，任何管理部门离不开它。但是，在管理工作中行使单一的行政手段和宣传教育方法是不够的，还需要与经济方法、法律方法、咨询顾问方法等结合起来。

经济的方法就是在档案工作中讲究经济效益、经济效果，把劳动集体和个人的物质利益与其工作联系在一起，运用经济杠杆的手段来进行管理。经济效益包括向社会提供有用的产品和有效的服务。档案工作的经济效益，主要是以向社会提供档案材料在经济、政治、科学文化等方面效果的大小来衡量其优劣。在注重经济效益的同时，必须重视经济效果。在当代社会里，能提供经济效益的事情很多，关键在于代价如何，得不偿失的事不能干。经济效果，就是投入的劳动消耗（包括物化劳动消耗和活劳动消耗）与产生的经济效益（包括产品的使用价值和提供的有效服务）之间的比例关系。讲求经济效果，是以最少的劳动消耗获得最大的经济效益。也就是说以最少的人力、物力、财力和时间耗费去最好地完成预定目标和任务。过去，档案工作在局部地区曾一度出现的高指标只是虚名，不讲实效，对档案反复整理、反复鉴定，检索工具不断报废，馆藏档案的利用率很低。这种不惜代价、不讲成本的做法，都是忽视经济效益和经济效果而造成的。档案工作在管理方法上要建立一套计算和考核经济效果的指标体系，无论是档案的收集、整理、鉴定，或者是检索工具的编制、档案装具的设计和创作、档案库房的建造、各种现代化设备的购置等都要讲求以较少的"投入"，产出较多的"效益"。

法律的方法，也就是人们常说的"法治"。广义的法律方法是指档案管理系统所制定的法律法规或类似法律的各种标准和规章制度。我国档案工作，曾制定过一系列的规章制度并发挥了其应有的作用，但在"文革"期间被废除，近年来又得到恢复和加强。总的看来，档案工作"法治"还比较薄弱，档案法律还不尽完善，标准化起步较晚。而档案工作的组织形式以及信息、人、财、物的沟通方式都亟待用法律的方式固定下来。这些问题只有通过明确贯彻以档案法为中心的一系列法规、法令以及各级政府颁布的有法律规范性质的条例、章程、标准和规划来实施管理。只有加强法制，使档案管理中大系统与子系统的关系、职责、权利、义务做到有法可依、有章可循，才能正常地发挥各自的职能并自动有效地运转，保证管理系统的稳定性，促进档案工作的开展。

咨询顾问的方法也是有效的管理方法之一。档案工作的各级领导机构可以建立自己的智囊团、顾问团、参谋班子，任务是向领导献计献策，为制定档案工作方针、政策和规划进行设计，对发展提出预测和评价。在档案管理、干部培训、业务信息等方面，提供必要的事实与情报，起咨询和服务作用。根据档案部门的特点，需要发挥各级档案学会与高等院校在这方面的作用。学会与高等院校聚集了档案工作各方面的专门人才，他们熟悉档案专业，掌握的信息量大，不受行政束缚，可以敞开思想对各种咨询课题发表意见，供各级领导决策时参考。重视和充分利用智力资源将会助推档案工作的发展和理论研究水平的提高。

二、管理机构高效化

管理机构是发挥管理功能完成管理目标的工具。档案管理机构的功能，是对档案工作进行预测和计算、组织和报道、监督和控制、教育和激励、挖潜和革新。具体任务是组织本系统全体人员适当安排各种关系，有效地运用每个组织成员的才能，充分发挥组织系统的力量，达成档案工作的总目标——科学地管理档案，便于党和国家各项工作的利用。实现这一目标，必须充分发挥组织机构的高效能。因此各级档案组织机构应当目标明确、任务清楚、渠道通畅、稳定适应，实行计划管理、信息管理和工作责任制。

（一）目标管理

整个档案这个大系统，在服从于、服务于党的总路线、总任务的前提下，确定档案事业长远奋斗的总目标和近期目标。各省、市、地、县的子系统（包括档案局、馆、室）应有具体目标。总目标要落实到各个部门短期和中期的目标里去。全国大系统的总目标是衡量任何一个档案局、馆（室）工作成效是正功、无功、虚功、负功的标准，也是档案工作各级组织机构的视线。全体档案工作者的视线都应集中在大系统的总目标，并为之努力奋斗。

在总目标的指导下，各局、馆、室的具体目标通过计划落实到任务。每个组织机构的任务要落实到每个人，确定每个人的任务。各组织机构的任务是个人任务的总和，个人任务是各组织机构任务的构成单元。组织中的每一个成员都必须了解个人的任务应该如何配合整个组织的任务，也必须知道整个组织任务对个人的意义。例如：某档案馆工作的目标是把档案馆逐步建设成为永久保管档案的基地和各方面工作利用档案史料的中心。二至三年内将"文革"前一级和二级单位的档案接收进馆，不断完善检索体系，进一步搞好档案的科学管理，极大地发挥档案的作用。由目标落实到任务，每年要接收多少档案、编制哪几种检索工具、制定哪些标准和规章制度、设备添置计划等等。将这些共同的任务落实到每个管理单位和个人，互相配合，努力完成。

（二）建立责任制

任务明确后，还必须使组织机构中的每个管理单位及每个成员明确如何完成任务，清楚自己的职责。这就需要建立责任制。邓小平同志曾经指出："在管理制度上，当前要特别注意加强责任制。"建立责任制的目的就是明确规定责任范围，让每一个管理单位和每个人都担起应负的责任。它对于提高工作质量、克服管理工作中的官僚主义、开创档案工作新局面有着重要的意义。档案干部责任制的内容，根据一些地方的实践经验，可实行分级、分人、分工负责，定职、定责、定权、定考核标准，定期总结评比、表扬先进。

（三）建立健全信息系统

档案组织机构是由若干事物组成的一个有机整体，是一个不间断的流通过程。功效的发挥在一定程度上取决于流通过程的畅通。这个流通过程可分为两个方面：一是人员和财务的流通，称为物质流；一是信息的产生、传递和处理的流通，称为信息流。管理部门的职责就是通过信息流来控制物质流。管理人员通过调查研究、情况的汇报、意见的交换、命令指示的下达等各种方法了解情况，联系工作，指引人力、物力、财力的沟通。档案部门的信息系统还不够健全，只有纵的信息系统，而横的信息系统不够完备，因受保密的限制，档案系统内和系统外的有关部门和相关学科之间很少往来。

处于封闭和半封闭状态。由于信息传递不灵，渠道不够畅通，使档案人员的思路和眼界不够开阔，影响工作效率和系统功能的发挥。只有健全信息系统，采取多种渠道，增强纵向和横向的联系，进一步健全调查研究和统计、汇报制度，建立馆（室）际之间、档案学与情报、图书等相关学科之间的信息网络，洞察县内外、省内外、国内外的档案和档案工作情况及相关学科的发展动态，及时将收集的信息整理、加工，为档案事业的发展作为借鉴依据。只有充分运用信息这个工具才能提高组织机构的效率。

（四）实行计划管理

计划管理是社会主义档案事业科学管理的重要原则，也是提高组织机构效能的有力措施。档案事业的计划管理是根据社会主义经济有计划、按比例发展的客观规律提出并受它制约的。档案事业既不能超越经济基础所提供的条件，也不能长期落后于经济发展的水平。档案事业的建设和发展必须按照一定的计划进行，既要有全国性的大计划，也要有地区性以至一个档案馆（室）的小计划。缺乏计划就无法开展档案工作或进行档案事业的建设。因为计划管理比目标管理更为具体，也是把目标管理落到实处的前提。计划的种类可分为短期计划和长期计划、专题计划和综合计划、业务计划（管理计划）等。依据计划办事，可以减少盲目性。古人所谓"预则立"，就是这个道理。今天，有人认为工作计划订得好，往往等于将管理工作完成 80%。由此可见，计划管理的重要性。

（五）保持组织结构的相对稳定性

组织机构必须具有相对的稳定性，才能充分发挥效能。过去档案组织机构的变化过于频繁，时裁时并，一直处于不稳定状态。特别是在"文化大革命"中，大肆破坏档案机构，使其元气大伤。所以，档案机构若要发挥高效能，全国大系统与各子系统必须相对稳定，无论是局、馆、室都应是实体单位。只有稳定，才能够以昨天的成就为基础规划未来，从事本身的建设，保持本身的连续性。稳定不是不变，而是在稳定的前提下，根据情况的变化和工作的开展随时做局部调整以适应新形势、新要求。

此外，档案组织机构的设置，还应本着行政管理机构要精、业务机构要充实的原则，用最少的人力搞行政管理，把主要的人力特别是学有专长的人员集中到业务机构，搞好业务建设，实现组织机构的高效化。

第四节　档案工作标准化

档案工作标准化是指在档案工作领域内，由档案事业主管机关或会同标准化的主管机关以及各有关部门共同协商，对档案工作的管理、原则、方法、质量、概念、设施等制定出科学的、统一的规则和技术规范，并予以贯彻执行，进而修订的全部活动过程。总括地讲，就是科学地制定、贯彻、修订各项标准，使档案工作逐步走向规范化、统一化。这是提高档案工作水平和服务效率、实现档案工作现代化的重要条件之一。

一、档案工作标准化的意义

1979 年国务院颁布的《中华人民共和国标准化管理条例》指出："标准化是组织现代化生产的重要手段，是科学管理的重要组成部分。在社会主义建设中推行标准化，是国家的一项重要技术经济政策。没有标准化，就没有专业化，就没有高质量、高速度。"这就十分清楚地阐明了在建设社会主义、实现四个现代化的过程中标准化的地位和作用。

档案工作标准化对实现档案工作现代化有着重要的意义，主要表现在以下几方面。

（一）标准化是实现档案工作现代化的基础

档案工作现代化建立在先进技术、严密分工和广泛协作的基础上，要求各档案局、馆（室）之间，局、馆（室）内部各部门之间，各业务工作环节之间，既有严密分工，又有密切合作。档案事业这样一个复杂的系统单靠行政手段安排是不够的，必须在技术上使工作活动保持高度统一和协调一致。标准化是通过制定和贯彻各种标准，使分工合作有统一的科学准则和依据，是不可缺少的技术纽带，从技术上把各部门、各业务环节有机联系起来，形成一个统一的有机整体，保证各项工作有条不紊地进行。假若没有统一的标准作为共同的依据，各局、馆（室）各自为政，各行其是，必然会出现不统一、不协调、互不衔接、不配套的混乱状况，要实现档案工作现代化是不可能的。档案工作现代化必须建立在标准化的基础上，现代化程度越高，就越需要标准化，而标准化的相应发展，又能促进现代化。从这个意义上说，没有标准化，就无法实现现代化。

（二）标准化是实现档案工作科学管理的重要组成部分

所谓科学管理，就是根据档案的形成规律和特点，运用先进的技术和方法，依据各种科学管理制度对档案进行管理，开展各项工作。这就要求在档案工作中建立起符合档案工作特点的档案管理、技术管理、设备管理、劳动管理、质量管理、安全管理等科学管理制度，制定一系列标准，实现档案工作的标准化和科学化，使档案工作的各项业务都按标准要求进行。所以，各种科学管理制度的形成都是以标准化为基础。比如，制定档案鉴定、保管、检索、提供利用、编研等方面的标准，使档案工作规范化。每做一项工作，都有规可循，有法可依，达到高效率、高质量。假若不重视标准化，不按规定的标准去工作，就会出现混乱，工作质量低劣，返工窝工，搞无效劳动。因此，要实现科学管理，必须大力推行标准化。

（三）标准化是提高档案工作质量和效率、节约人力物力的技术保证

通过制定、发布和实施标准，使档案工作领域内需要协调统一的重复性事物和概念达到协调统一，以求获得最佳的效益和良好的工作秩序。档案工作中的整理、鉴定、检索、提供利用等工作，在每个档案馆（室）都周而复始地进行着，虽然在具体的对象和工作内容上有差异，但质量要是相同的。制定统一的标准，将质量、规格、工作程序统一起来，就可以节省很多重复的不必要的劳动，大大提高工作效率。

二、档案工作标准化的主要内容

档案工作标准化是我国档案工作现代化的一项基础性工作，也是档案学中一个比较新的研究领域。目前，对它所研究的内容、范围还没有统一的认识，尚在探索之中。这里仅论述以下几方面内容。

（一）档案工作专业名词术语标准

任何一门专业要阐明其内容，都要使用特定的术语，并且赋予每一个名词术语以特定的含义，作为彼此交流的共同语言，以便研究和讨论问题。档案专业的名词术语都有特定的内涵，不能任意加以解释。但是人们对档案学中的许多名词术语还在探索中，如对最基本的"档案"这一概念讨论过多次，至今在具体表述上仍有不同看法。对档案的种类也是众说纷纭，莫衷一是。名词术语的含义不清，给档案学理论研究和档案工作实践带来混乱，影响档案学和档案工作的开展。现在制定的《档案工作基本术语》标准，明确了最常用的一些名词术语和概念，这对统一档案界的认识、繁荣和发展档案科学都有重要的意义。

（二）代号代码标准

代号代码又称标记符号，是利用文字符、数字符、颜色、图像来表示一个具体概念。档案工作中的许多著录项目都采用统一的代号代码或缩写形式来加以准确地表示。代号代码的使用对档案工作有重要的意义。比如，分类号、档号、档案馆代码等，对档案的整理与编目，科学管理与提供利用，实现档案工作标准化和现代化都具有重要的作用。使用代号代码代替文字，简单明了，易读、易记、易认，易于输入计算机，易于存储和检索，易于传播和利用，好处很多。档案工作的代号代码标准主要包括档案馆代码、档案工作的名词术语缩写代码、档案类型与档案载体代码、档案著录的代号代码等。

（三）档案著录标准

制定档案著录标准，是为了建立健全我国统一的档案检索体系，开展档案的报道与交流，充分发挥档案在社会主义建设事业中的作用。国家标准《档案著录规则》于1986年1月1日起施行。经过十余年的实践检验，经修订后，根据工作需要，1999年暂改为行业标准发布。

（四）标引语言标准

标引语言标准是指档案的标引和检索语言标准。标引语言标准主要包括档案分类表、档案主题词表、档案分类标引规范、档案主题标引规范等。目前，已制定了《中国档案分类法》《中国档案主题词表》《档案分类标引规则》等标准。

（五）档案收集、整理、鉴定标准

收集、整理、鉴定是基础性的工作，制定这方面的标准，对于提高档案工作的质量、效率和水平都具有重要意义。我国已经制定了《关于文书档案保管期限的规定》《文书档案案卷格式》《科学技术档案案卷构成的一般要求》《各级国家档案馆收集档案范围的规定》等标准和规范性文件，但数量有限，尚需制定更多的标准。

（六）档案统计、提供利用标准

档案统计和提供利用工作也应实现标准化。针对档案统计工作标准，国家档案局已制定了《档案事业基本情况统计年报》，但还需进一步完善统计指标体系。档案提供利用方面的标准，目前只制定了《档案馆开放档案暂行办法》，还需制定利用范围、手续、保密、阅览、展览、档案外借等标准。

（七）档案工作现代化建设方面的标准

这一方面的标准涉及的面比较广，包括计算机、缩微设备以及其他有关设施的一系列标准，如计算机程序语言、计算机接口标准、磁带交换格式标准、缩微复制和技术规格标准、档案保护技术设备标准等。

（八）档案装具和库房建筑标准

国家档案事业管理部门为解决档案装具、档案库房自行设计建造中出现的问题，在调查研究的基础上，已制定出技术先进、经济合理的《档案装具》《档案馆建筑设计规范》等标准，为档案装具与库房建设的标准化提供了依据。

（九）档案的制成材料与书写材料的标准

档案的制成材料与书写材料的优劣是决定档案能否长期保存的一个重要因素。档案的制成材料与书写材料，无论是纸张、胶片、磁带、磁盘还是各种字迹图像材料都是物质的东西，不断地发生变化，要想延长档案的寿命，必须解决耐久性问题，因此要制定适合档案使用的纸张、墨水、圆珠笔、复写纸、胶片、磁带等各种记录和书写材料的标准。

三、我国档案工作标准化的现状

新中国成立以来，我国先后发布的《机关档案室工作通则》《技术档案室工作暂行通则》《县档案馆工作暂行通则》《省档案馆工作暂行通则》《国家档案局关于几项不归档的文书材料的销毁暂行规定》等文件，为档案工作标准化奠定了基础。但在"文化大革命"时期中，许多规章和标准被废除。十一届三中全会以后，随着档案工作的恢复、整顿，中共中央办公厅、国务院办公厅颁布的《机关档案工作条例》、国家档案局发布的《档案馆工作通则》《文书档案保管期限表》《机关档案工作业务建设规范》等重要规章条例，为进一步发展档案工作标准化提供了有利条件。

1979 年 9 月，国务院颁布了《中华人民共和国标准化管理条例》。1979 年 12 月，建立了中国文献工作标准化技术委员会，负责图书、情报、档案方面的标准化工作。在中国文献工作标准化技术委员会下，建立七个分委员会。档案工作者参加了中国文献工作标准化技术委员会及七个分委员会的工作，积极制定标准。1979 年 12 月召开的中国文献工作标准化技术委员会第一次会议明确提出，要做好标准化工作，必须处理好自动化与基础标准工作的关系，国家标准与国际标准的关系，图书、情报、档案、出版以及其他有关部门之间的协作关系，标准化专职队伍与各业务部门的关系。在国家标准局的领导与支持下，通过全国协作形式开创了我国文献标准化工作的新局面，取得了制定文献工作国家标准的良好成绩。

1983 年，中国文献工作标准化技术委员会秘书处草拟的《全国文献工作标准体系表》，正式提出档案工作标准化的有关内容。同年 2 月，国家档案局局务会议讨论了档案工作标准化问题。会议认为，档案工作要适应社会主义建设事业的发展，必须积极开展档案工作标准化的研究与实践，加速标准的制定工作，决定建立档案工作标准化的专门组织——档案工作标准化领导小组，负责领导和协调标准化工作。同年 4 月，档案工作标准化领导小组第一次扩大会议初步研究了档案工作标准化的内容、方法和步骤，并考虑到逐步组织全国各级各类档案目录中心、建立健全档案检索系统和档案管理应用计算机技术的迫切需要，决定首先建立档案著录、分类法与主题法标引、名词术语三个标准化工作小组，着手制定档案工作标准。

1991 年 3 月，全国档案工作标准化技术委员会（以下简称档标会）正式成立，委员会的主要任务是受国家档案局的委托，对档案工作领域内的国家标准、行业标准的立项进行评议，对标准的送审稿进行审核。从 1991 年开始，档标会几乎每年召开一次年会，审查标准立项，审核与通过国标、行标。档标会在各级档案机构的支持下，在广大档案工作者的努力下，已制定了一系列国家标准和行业标准，这些标准涉及档案工作的方方面面，已初步构筑起中国档案标准化体系。

（一）已颁布的国豪标准

（1）《档案著录规则》，国家标准局 1985 年 5 月 10 日发布，1986 年 1 月 1 日实施。该标准对档案著录范围、著录项目、标识符号、著录格式、著录方法做了统一规定，是各种档案著录的依据，也是建立健全我国档案检索体系的基石。该标准经修订后，根据工作需要，1999 年暂改为行业标准发布。

（2）《文书档案案卷格式》，国家技术监督局 1988 年 9 月 5 日批准，1989 年 3 月 1 日实施。该标准规定了案卷卷皮格式、卷内文件目录格式、卷内备考表格式、案卷各部分的排列格式以及填写方法。它适用于我国各级档案馆（室）和文书处理部门。

（3）《照片档案管理规范》，国家技术监督局 1989 年 10 月 25 日批准，1990 年 7

月 1 日实施。该标准规定了照片档案的收藏范围与要求，照片档案整理的程序与方法，照片档案的保管条件与保管要求。该标准适用于常规照片的管理。

（4）《科学技术档案案卷构成的一般要求》，国家技术监督局 1989 年 10 月 25 日批准，1990 年 7 月 1 日实施。该标准规定了科技档案案卷的组卷，案卷内科技文件材料的排列，案卷的编目、装订，卷皮、案卷表格的规格及其制成材料的质量要求。它适用于一般科学技术档案的案卷管理。

（5）《全宗单》，国家技术监督局 1992 年 12 月 17 日批准，1993 年 7 月 1 日实施。该标准规定了全宗单的内容构成、格式及栏目填写方法。该标准适用于各级各类档案馆。

（6）《档案交接义据格式》，国家技术监督局 1992 年 12 月 17 日批准，1993 年 7 月 1 日实施。该标准规定了档案交接文据的格式及填写方法。它适用于档案馆、档案室。

（7）《缩微摄影技术用 35mm 卷片拍摄技术图样和技术文件的规定》，国家技术监督局 1994 年 4 月 1 日批准，1994 年 12 月 1 日实施。该标准规定了用 35mm 卷式缩微胶片拍摄前准备、拍摄技术图样和技术文件的方法和要求。它适用于全国档案馆（室）拍摄 A 系列幅面尺寸的技术图样和技术文件，其他幅面尺寸的原件也可参照使用。

（8）《档案分类标引规则》，国家技术监督局 1994 年 12 月 28 日批准，1995 年 8 月 1 日实施。该标准规定了档案分类标引的基本原则，各种类型档案、各种主题档案的分类标引规则和标引方法，档案分类标引工作程序及质量要求。它适用于各级各类档案馆、档案室对所藏各种类型的档案进行分类标引，编制档案分类目录、索引以及建立档案目录中心和数据库的档案分类标引工作。

（二）已颁布的行业标准

（1）《档案工作基本术语》，国家档案局 1992 年 7 月 20 日批准，1992 年 10 月 20 日实施。该标准规定了档案工作基本术语及其定义。它适用于档案工作、文书工作及有关领域。该标准经修订后，于 2000 年发布。

（2）《科学技术研究课题档案管理规范》，国家档案局 1992 年 7 月 20 日批准，1992 年 10 月 20 日实施。该标准规定了科学技术研究课题文件的形成、积累、整理、归档和档案管理的要求。它适用于自然科学研究课题档案管理，社会科学研究课题档案管理可参照执行。

（3）《档案馆指南编制规范》，国家档案局 1992 年 7 月 20 日批准，1992 年 10 月 20 日实施。该标准规定了档案馆指南的编制原则、结构和编写细则。它适用于各级各类档案馆。

（4）《缩微摄影技术在 16mm 卷片上拍摄档案的规定》，国家档案局 1992 年 7 月 20 日批准，1992 年 10 月 20 日实施。该标准规定了在 16mm 卷式缩微胶片上按全宗系统拍摄档案的程序和要求。它适用于拍摄 A3 或 A3 幅面以下的档案。

（5）《缩微摄影技术在 A6 平片上拍摄档案的规定》，国家档案局 1992 年 7 月 20

日批准，1992年10月20日实施。该标准规定了在A6平片上按全宗系统拍摄档案的程序和要求。它适用于拍摄A3或A3以下幅面的档案。

（6）《档案装具》，国家档案局1992年7月20日批准，1992年10月20日实施。该标准规定了档案装具尺寸规格、技术要求及试验方法。它适用于钢类、木类、纸类等材料的档案装具，其他材料的档案装具亦可参照执行。

（7）《直列式档案密集架》，国家档案局1992年7月20日批准，1992年10月20日实施。该标准规定了直列式档案密集架的型号、规格及结构形式、技术要求、试验方法、检验规则、标志、包装、运输、储存。它适用于直列式手动档案密集架和直列式电动档案密集架的设计、制造、检验和验收。

（8）《明清档案著录细则》，国家档案局1995年6月12日批准，1995年10月1日实施。该标准依据国家标准《档案著录规则》的原则和基本概念，结合明清档案的特点和明清档案工作的实际，具体规定了明清档案的著录方法。它适用所有保藏明清档案的部门进行明清档案的著录。

（9）《明清档案档号编制规则》，国家档案局1995年6月12日批准，1995年10月1日实施。该标准是参考了行业标准《档号编制规则》的原则，结合明清档案的特点及整理工作的实际情况而制定的。它规定了明清档案档号的编制原则、结构及编制方法。该标准适用于各级档案馆对明清档案的著录和档号的编制。

（10）《高等学校档案实体分类法》，国家档案局1995年6月12日批准，1995年10月1日实施。该标准规定了高等学校档案分类原则，体系结构，档号编制的原则、结构及方法。它适用于高等学校档案的实体分类。

（11）《文件用纸耐久性测试法》，国家档案局1995年6月12日批准，1995年10月1日实施。该标准规定了纸在100±2℃下的干热加速老化方法。它适用于公文、科技文件材料归档用纸的测试。

（12）《全宗卷规范》，国家档案局1995年6月12日批准，1995年10月1日实施。该标准规定了全宗卷的编制原则，主要内容和整理、管理方法。它适用于各级各类档案馆和机关档案室。

（13）《档号编制规则》，国家档案局1995年6月12日发布，1995年10月1日实施。该标准规定了档号的结构、编制原则和编制方法。它适用于各级各类档案馆、档案室编制档号。

（14）《全宗指南编制规范》，国家档案局1995年6月12日发布，1995年10月1日实施。该标准规定了全宗指南的编制原则、结构和编写方法。它适用于综合性档案馆和机关档案室。

（15）《磁性载体档案管理与保护规范》，国家档案局1996年3月1日发布，1996年10月1日实施。该标准规定了对磁性载体文件的积累、归档要求和磁性载体档案的管理、储存、保护的要求。它适用于机关、团体、企事业单位的磁性载体档案文件的管理与保护。

（16）《档案字迹材料耐久性测试法》，国家档案局 1996 年 3 月 1 日发布，1996 年 10 月 1 日实施。该标准规定了墨水、圆珠笔用油墨和复写纸字迹，在干热、紫外光照、水浸、酸和碱下的加速老化测试方法。它适用于档案文件书写用的墨水、圆珠笔用油墨和复写纸等字迹材料耐久性的测试。

（17）《革命历史档案著录细则》，国家档案局 1996 年 2 月 26 日发布，1996 年 10 月 1 日实施。该标准规定了革命历史档案文件级著录项目、标识符号、格式和方法。该标准适用于全国各级各类档案馆编制革命历史档案文件级机读目录。

（18）《革命历史资料著录细则》，国家档案局 1996 年 2 月 26 日发布，1996 年 10 月 1 日实施。该标准规定了革命历史资料篇名级著录项目、标识符号、格式和方法。它适用于全国各级各类档案馆编制革命历史资料篇名级机读目录。

（19）《革命历史档案资料主题标引规则》，国家档案局 1996 年 2 月 26 日发布，1996 年 10 月 1 日实施。该标准规定了对革命历史档案资料进行主题分析、标引词的选定、审核工作、质量管理的内容和方法。它适用于依据《革命历史档案主题词表》进行革命历史档案资料的主题标引；适用于各级各类档案馆馆藏革命历史档案文件级和革命历史资料篇名级的主题标引；适用于计算机检索系统。

（20）《革命历史档案资料分类标引规则》，国家档案局 1996 年 2 月 26 日发布，1996 年 10 月 1 日实施。该标准规定了革命历史档案资料分类标引应遵循的规则、分类标引工作程序、分类表的管理。它适用于依据《革命历史档案分类表》进行革命历史档案资料的分类标引；适用于各级各类档案馆馆藏革命历史档案文件级和革命历史资料篇名级的分类标引；适用于计算机检索系统和组织机检档案资料分类目录。

（21）《革命历史档案机读目录软磁盘数据交换格式》，国家档案局 1996 年 2 月 26 日发布，1996 年 10 月 1 日实施。该标准规定了以软磁盘作为载体交换数据时所使用的格式。它适用于全国档案部门的革命历史档案机读目录数据的信息交换。

（22）《档案主题标引规则》，国家档案局 1999 年 5 月 31 日批准，1999 年 12 月 1 日实施。该标准规定了档案主题分析方法和依据《中国档案主题词表》及各种专业主题词表进行档案主题词标引的方法。它适用于建立档案的机读式检索工具和手工式检索工具所进行的人工标引。

（23）《民国档案目录中心数据采集标准民国档案著录细则》，国家档案局 1999 年 5 月 31 日批准，1999 年 12 月 1 日实施。该标准规定了文件级、案卷级民国档案的著录项目、著录条目格式、标识符号、著录用文字及著录项目细则。它适用于各级档案馆馆藏民国档案的著录。

（24）《民国档案目录中心数据采集标准民国档案主题标引细则》，国家档案局 1999 年 5 月 31 日批准，1999 年 12 月 1 日实施。该标准规定了使用《民国档案分类主题词表》对民国时期各种类型、各个级次的档案进行主题标引的原则和方法。它适用于民国档案目录中心和各级档案馆编制民国档案主题目录、索引以及建立民国档案数据库的档案主题标引工作。

（25）《民国档案目录中心数据采集标准民国档案分类标引细则》，国家档案局1999年5月31日批准。1999年12月1日实施。该标准规定了使用《民国档案分类表》对民国时期各种类型、各个级次的档案进行分类标引的原则与方法。它适用于民国档案目录中心和各级档案馆编制民国档案分类目录、索引以及建立民国档案数据库的档案分类标引工作。

（26）《民国档案目录中心数据采集标准民国档案机读目录软磁盘数据交换格式》，国家档案局1999年5月31日批准，1999年12月1日实施。该标准规定了以软磁盘作为载体交换民国档案机读目录数据时所使用的格式。它适用于全国民国档案目录中心机读目录信息交换。

（27）《档案缩微品保管规范》，国家档案局1999年5月31日批准，1999年12月1日实施。该标准规定了档案缩微品的贮存环境、贮存设备、包装的技术要求和保管要求以及缩微品制作档案的建立和立卷方法。它适用于以聚酯、三醋酸纤维素、酯片基材料制作的银—明胶型黑白影像档案缩微品的保存。

（28）《档案馆建筑设计规范》，是中华人民共和国建筑工业行业标准，于2000年发布并实施。它是为代替JGJ25-1986中华人民共和国城乡建设环境保护部中华人民共和国国家档案局标准《档案馆建筑设计规范（试行）》而颁布的。制订该标准是为适应档案馆建设的需要，使档案馆建筑设计符合功能、安全、卫生等方面的基本要求。它适用于新建、改建、扩建的国家综合性档案馆的建筑设计，其他专门档案馆、部门档案馆也可参照执行。

（29）《归档文件整理规则》，国家档案局2000年12月6日批准，自2001年1月1日起实施。该标准规定了归档文件的整理原则、质量要求和整理方法。它适用于各级机关、团体和其他社会组织在其职能活动中形成的、办理完毕、应作为文书档案保存的各种纸质文件材料的整理。

此外，国家档案局还颁布了《地质资料档案著录细则》《无酸档案卷皮盒用纸及纸板》《档案修裱技术规范》《挥发性档案防霉剂效果测定法》《档案防虫剂防虫效果测定法》等行业标准。于2000年12月6日批准，自2001年1月1日起实施。

上述标准的颁布和实施使我国档案标准化初步形成体系。

第五节　实现我国档案工作现代化的对策

我国档案工作在对现代技术与设备的运用等方面已经取得了一定进展，已经具备了实现档案工作现代化的基本条件和基础，但离真正实现较高层次的现代化还有一段距离，还存在不少困难和问题，如思想观念、标准化配套、应用目标、技术人才与资金等方面都还需要采取相应的对策。

一、明确认识、加强研究

思想认识正确，是实现档案工作现代化的思想基础。关于实现档案工作现代化方面仍存在一些片面认识：认为档案工作现代化就是买一些先进设备就可以了；或者认为档案工作搞不搞现代化无所谓；还有一些则认为要搞档案工作现代化就可以完全抛弃传统技术。这些认识都有待转变。应全面正确地认识档案工作现代化的内容，认识到信心不足、消极等待和不讲实际、急于求成的思想对档案工作现代化的实现是不利的，现在不是要不要实现现代化的问题，档案工作现代化是一定要实现的，必须端正认识，加强对现代技术的研究，并将研究成果推广与应用到实际档案工作中，尽快提高档案工作的水平

二、统筹规划、分工协调

档案工作现代化是一项系统工程，需要统一规划、分工协调，绝不可各自为政。这就要求国家统一制定档案工作现代化发展的长远目标和近期任务，根据目标和任务的要求，统一安排研究项目，制定统一的标准和规范化模式，一方面尽可能避免因管理方式不同而造成的各单位档案信息无法通过计算机及网络进行交流的问题；另一方面，应注意减少因盲目性而造成的人力、物力、资金的浪费，力争获得较好的效益，解决无统一规划造成的顾此失彼、各行其是的问题。

三、集中优势，组织攻关

档案工作现代化建设中有些重大科研课题和深层次的开发工作，不是一个地区、一个单位或某一个人所能完成的，须组织科研力量（包括人力、物力、财力），集中优势，组织攻关。对于一个国家或一个地区的档案工作，其现代技术与设备的应用都应如此，这样才能尽快开发出实用性强、通用性好、管理水平高的成果。

四、掌握动态、拓宽领域

掌握动态即掌握现代技术发展动态；拓宽领域是指拓宽现代技术在档案工作中的应用领域。档案工作现代化的目标是阶段性的，也是不断变化的。在应用现代技术设备的初期，领域较窄、项目不多，随着环境条件的改善，档案工作现代化技术也相应得到发展和提高，因此，应根据情况的变化，调整实现档案工作现代化目标的工作进程，拓宽现代技术在档案工作中的应用领域。

五、奠定基础、培养人才

档案基础工作质量的好坏直接影响档案工作现代化建设进程，必须大力加强档案基础工作建设，为实现档案工作现代化奠定良好的基础。有计划地、积极地培养出大批适应档案工作现代化需要的合格人才，是实现档案工作现代化的主要措施。

第六节　档案信息化建设

档案信息化与档案工作现代化密切相关，但又不完全相同，它是从另一个层面来研究的。有的学者认为：档案信息化建设的阶段性目标是提高档案工作现代化水平和确立网络环境中档案管理与服务的基本框架。这一认识很有道理，也是将档案信息化与档案工作现代化从不同的角度与层面来研究的。

一、档案信息化的概念及含义

随着社会信息化进程的加快，信息资源已成为人类经济、社会活动的战略资源。档案是一种原生的信息资源，档案信息化建设是国家信息化建设的一个重要组成部分。信息及信息产业的高速发展，给档案工作带来了挑战，同时也带来新的机遇。加强档案信息化建设，是档案事业适应时代和社会发展，加速档案管理现代化的客观要求，是提高档案信息服务水平的必经之路，是为广大公民服务的重要举措，对于档案事业的新发展具有十分重要的现实意义和深远的历史意义。

国家档案局在 2000 年全国档案工作会议上正式提出档案信息化的概念之后，这一课题成为我国档案界学者的热门研究课题，全国档案部门都开始重视档案信息化建设，使其在全国各级各类档案馆（室）中蓬勃开展起来。关于档案信息化的概念有多种表述，一般来说，是指在国家档案行政管理部门统一规划和组织下，在档案管理活动中全面应用现代信息技术，对档案信息资源进行数字化管理和提供利用，实现档案信息的社会化和网络化服务的活动。这就要求必须是以信息技术广泛应用于档案管理活动为主导，同时还需要信息网络作为基础，以信息人才为依托，以档案信息法规、标准为保障，对档案信息资源进行数字化建设与服务。它使档案管理模式发生转变从以档案实体保管和利用为重点，转向以档案信息的数字化存储和提供服务为重心，从而使档案工作进一步走向规范化、数字化、网络化、社会化。

二、档案信息化建设的主要内容

档案信息化建设主要包括基础设施建设，应用系统建设，档案信息化资源建设，标准、规范建设和人才队伍建设等五个方面的内容。

（一）基础设施建设

基础设施建设主要指档案信息网络系统和档案数字化设备。具体来讲，是指网络环境建设、硬件环境建设和系统软件建设。根据三种不同的服务对象和范围，网络环境建设分为三个层次：内网、与政府连接的政务网、与互联网连接的公众网，并实行三网物理隔离，形成三个相互独立的网络。硬件基础设施建设主要关系到电子文件管理系统和数字档案馆的建设和运行。根据功能需要，必须建设大容量的信息资源数据库、大规模用户访问服务管理系统，配置大型高速交换机、路由器、光端设备、并行处理的高性能服务器、便于扩充的规模型集群系统、智能城域网系统、可靠的信息安全系统和存储系统、数据库管理系统和其他相关系统等。基础硬件设施主要包括网络设备、服务器、存储设备、安全设备、档案数字化加工设备以及其他支撑设备等。计算机软件分为系统软件和应用软件两大类。系统软件是由计算机设计者提供的一类程序，这类程序的着眼点是利用计算机本身的逻辑功能，达到管理计算机系统的各种资源，充分发挥计算机效率，便于用户使用和管理的目的。系统软件包括：计算机的监控管理程序、调试程序、语言翻译程序、数据库管理系统、存储和安全管理系统以及操作系统。计算机操作系统是系统软件的核心，它独立于计算机，是控制和组织计算机活动的一组程序，是用户和管理机器的接口，是整个系统运行的基础。目前世界上流行的操作系统有：DOS、Windows、UNIX、LINUX等。应用软件是用户利用计算机及其所提供的各种软件编制的、用来解决某些具体应用问题的程序，如人事管理软件、财会管理软件、档案信息管理软件、电子文件管理系统软件等。

总之，基础设施建设是档案信息传输、交换和资源共享的基础条件，只有建设先进的档案信息网络和档案数字化设备，才能充分发挥档案信息化的整体效益。

（二）应用系统建设

主要包括两个层面的应用系统：一是数字档案馆的应用系统；二是现有档案馆、档案室的业务管理应用系统。数字档案馆的应用系统，是一个可扩展的网络应用系统。其功能应能涵盖对档案的数字化加工，数字档案的信息采集、处理、存储、归档、组织、发布、利用及数字管理全过程，具有可扩展和实用的特性。现有档案馆（室）的应用系统，是指文件管理、档案管理、资料管理、检索、利用、保管、鉴定、转交接收、编研、统计、数据管理、系统维护等功能模块。应用系统建设关系到档案信息化建设的速度与质量，集中体现了档案信息化建设的效益和档案信息服务的效果。

（三）档案信息化资源建设

这是档案信息化管理中最基本也是最重要的内容，包括数字信息数据的构成形式和来源两个方面。数字信息数据的构成形式主要有：文本文件、图形文件、图像文件、影像文件、声音文件及其他文件。数字信息数据的来源和采集范围包括现有档案馆（室）藏各种档案的数字化。

一是通过多媒体技术、数据库技术、数据压缩技术、网络技术等手段，将现存各种载体档案进行数字化处理，并整合到相应的档案信息数据库中。整个数字化应用系统包括：扫描输入、纠错检查、索引录入、数据存储、光盘输出等主要环节。

二是收集和接收各种形式的电子文件。有两种方式：①网络在线移交接收，即将需移交的电子文件档案通过网络直接传输到档案馆（室），或加工后传输到档案部门规定的地址中，并存储在档案馆本地载体的过程。②介质移交接收。网络移交既可实时进行，也可与介质移交一样，按照档案馆接收周期定期移交。由于介质移交有一定的周期性，为了及时将可以公开的电子文件和电子档案向社会各界提供利用，数字档案馆可以实时地通过网络在线接收各立档单位的电子文件、档案。

三是各种具有档案性质的政府和行业信息及专题资源库，也是数字档案馆资源建设的重要采集内容。主要途径是：①通过网络在线采集网络上现有的各种信息资源库的信息，如国土信息资源库、人口统计数据库等；②根据社会需求，采购一些全文光盘数据库补充数字档案馆数字资源建设的不足，如《中国科技文献数据库》等。

四是互联网上其他具有档案价值的信息。为充分发挥数字档案馆作为知识库群的作用，互联网上其他零散、无序的具有档案价值的信息也是数字档案馆采集的对象，例如，各网站的历史照片、新闻报道、网页、统计数据、历史事件的声像资料等。把有档案价值的网络信息下载到本地，经过一定的整理、组织、加工，成为本地的现实资源。除了下载各种档案信息之外，数字档案馆还将根据用户的需求，对网络上的数据或网络信息建立指引库或导航站。首先要从成千上万的网站中挑选出具有价值的网站，然后对这些网站进行分类，建立起指引库，使用户能方便地通过指引库获取自己需要的信息。档案信息化资源建设是档案信息化建设的基础和核心，是一项长期的工作。档案信息是国民经济和社会发展的战略资源之一，它的开发和利用是档案信息化建设取得成败的关键，也是衡量档案信息化水平的一个重要标志。

（四）标准、规范建设

标准、规范建设是对电子文件的形成、归档和电子档案信息资源标示描述、存储、查询、交换、网上传输和管理等方面，制定标准、规范，并指导实施的过程。档案信息化的标准规范建设包括管理性、业务性和技术性规范三个方面的内容。

（1）管理性标准，是对电子文件、档案信息进行管理的一套规则，包括计算机安全法规与标准，数字档案信息资源合法性的确认等，它需要国家档案行政管理部门统一制定并推广实施，以保证电子文件、档案信息的统一规范和资源共享。目前，国务院及有关部门颁布了一系列计算机安全的法规与标准，如《中华人民共和国计算机信息系统安全保护条例》《计算机信息网络国际联网安全保护管理办法》《计算机病毒防治的办法》等。

（2）业务性标准规范，是对电子文件，档案业务处理的规范，其范围包含电子文件、档案的术语标准及管理规范。它包括与档案信息化建设相关的术语标准、资源的标示、描述数字档案文件格式、元数据格式、对象数据格式等标准。

（3）技术性标准规范，包括电子文件、档案的数据存储压缩格式规范数据交换标准规范、数据加密、水印技术规范和系统软硬件技术标准等。其中有些技术标准是电子信息管理的共用标准，如《信息交换用七位编码字符集》《信息交换用汉字编码字符集》等。档案信息化的标准、规范对于确保计算机管理的档案信息和网络运行的安全、畅通，具有十分重大的意

（五）人才队伍建设

档案信息化建设，人才是关键。人才是最宝贵的资源。它既需要档案专业人才，计算机专业人才，更需要既懂档案业务，又熟悉信息技术和网络技术方面的复合型人才。

三、我国档案信息化建设现状分析

（一）我国档案信息化建设取得的成绩

自从党中央提出"以信息化带动工业化"战略决策以来，国家信息化建设迅速发展，国家在连续的几个五年计划中，信息化方面的投入力度不断加大。档案部门也开始重视档案信息化建设，并力求与国家信息化建设同步，因此国家档案局提出了档案信息化的概念，将档案信息化建设列入国家档案事业"十五"规划和"十一五"规划之中，使得全国档案信息化建设逐步进入一个良性发展的轨道。经过几年的发展，我国档案信息化建设主要在以下几个方面取得实质性进展。

1. 各地档案信息化建设普遍开展

20世纪90年代主要是集中在档案信息处理标准体系的建立、传统档案的原文信息数字化转换、档案信息网站的建立等方面。从21世纪开始，计算机信息网络在档案管理工作中的应用已相当普及，几乎可以覆盖档案工作的各个工作环节。主要应用为数字档案馆的建设，电子政务中的电子文件与电子档案的一体化管理、档案信息资源的整合与面向社会的应用。

近几年来，各地档案行政管理部门相继对档案信息化建设进行了部署，取得了一定的实效。2002年，国家档案局网站开通，目前，全国已有41个省级档案部门按计划开通了档案信息网站，全国各级档案信息网站公布开放的档案目录已有3000多万条，现行文件

网上查询利用工作开展较为普遍。许多市和区县档案局（馆）以及大部分专门、部门档案馆，高校档案馆已建立了局域网和档案信息网站，计算机辅助档案管理全面推行，档案数字化工作有了较快进展，有些市、区档案馆也在建设档案目录中心。

在档案目录数据库方面，各级各地档案部门也都取得了一定的成果和经验。我国许多档案馆都已经具备了建设目录数据库的现实基础，即各种馆藏目录。有的馆建立了档案全文数据库和多媒体数据库，如海南省档案馆已经率先完成全部档案目录数据库建设任务。此外明清档案、民国档案、革命历史档案目录中心已经建立，各地还建立了区域性目录中心。中央档案馆已建机读目录数据库 160 余万条。

2. 全国档案信息化环境得到改善

全国档案信息化环境包括硬件、软件环境，档案信息资源以及人才等方面。从硬件方面来说，全国不少档案馆（室）内部建立了局域网络，许多档案馆设立了档案信息网站，有的还构建了基于宽带通信专线的高速档案局域网；从软件环境来说，档案界的档案信息化意识大大增强，政策法规环境有较大改善；档案信息资源内容较为丰富，结构有所改善；档案信息化人才有所增加，素质有所提高。

3. 数字档案馆示范工程进展顺利

1999 年，国家档案局科研所和深圳市档案馆提出了建立数字档案馆的设想，并于 2000 年将数字档案馆列入国家档案局科研项目计划，之后许多档案馆陆续提出了进行数字档案馆建设的规划，目前，深圳、青岛、杭州、大连等数字档案馆建设都取得了一定成就。如深圳市档案馆已制定出数字档案管理的规范标准，应用系统的研制开发工作逐步完善，由其开发的数字档案馆应用系统正式投入使用，档案数字化生产日益优化，为其他档案部门建设数字档案馆提供了宝贵经验。

4. 档案信息化建设对政务信息公开的推进起到了一定作用

档案信息化建设为政务信息公开服务，对档案部门来说是一项历史性的突破，各地档案部门积极参与当地电子政务建设，力争把信息化建设纳入当地国民经济和社会发展计划，一批重大档案信息化建设工程项目相继启动和实施，档案信息化建设逐步实现，各地信息化建设同步发展。2002 年，湖北省档案局被确定为全省首批信息化试点单位。目前，各地政府一次性投入百万元以上、已经完成或正在建设的档案信息化专项工程有青岛市数字档案馆工程、福建省分布式档案基础数据库工程、长春市档案信息网络工程、中国第一历史档案馆网络工程等 10 余个。

5. 陆续出台了一系列相关标准

主要包括信息管理共用的标准，电子文件与纸质文件、档案管理共用的标准，电子文件管理专用的标准和规范。

（二）我国档案信息化建设中存在的问题

1．档案信息化建设中缺少规划

从全国档案系统来看，信息化各自为政，各取所需，未形成统筹安排、协调推进的局面，许多档案局（馆）的信息化建设缺乏长远规划或近期目

标不够明确，存在着"头痛医头、脚痛医脚"的现象；档案信息化建设中未能及时研究统一标准和规范，各馆使用的数据格式和标准缺乏统一性和规范性；方便、快捷的计算机检索体系没有完全建立起来，因而造成现在档案信息管理上各搞一套的局面，并给档案信息的传输、接收带来较大麻烦。

2．数字档案资源短缺且结构不合理

我国档案馆藏资源大多限于纸质档案，数字档案资源不够丰富，且结构较单一，这是档案信息化建设中存在的一个重要问题，这个问题不解决，必然影响档案信息化的进程与质量。

3．档案信息化在电子政务中的重要地位与作用还未充分显示出来

有关专家认为，通行于网络上的80%的有效信息掌握在政府手中，而政府的信息绝大部分存在于档案馆中。因此，档案信息化建设的意义，不仅在于对档案管理现代化的推动，而且是对政务信息公开的推进。档案部门大力推进信息化建设，为政务信息公开服务是职责所在。但是，对这方面还存在一些认识上的问题，在全国范围内还未形成将政府信息资源开发利用的态势，缺乏行之有效的组织和办法，档案信息化在电子政务中的作用不够突

4．档案信息化人才匮乏

我国档案界中虽然有一些档案信息化方面的专门人才，但总体来说还比较缺乏。同时，地区和系统差异较大，有的地区和系统档案信息化人才较多，有些地区和系统这方面人才相当少，使得档案数字化方面的工作无法开展。

5．档案信息化立法和规范化管理体系不够健全

我国在档案信息化立法与规范化建设方面与较发达的国家相比还存在一些差距，立法工作相对滞后，直接采用相关标准还存在一些困难，已经制定出来的规范标准之间有些不够协调。

四、我国档案信息化建设应采取的对策

针对上述现状，我们应有清醒的认识，既要看到我国在信息化建设中形成的基础和成果，增强搞好档案信息化建设的信心；同时也要看到当前存在的问题，不能自满，要自我加压，加倍努力，使档案信息化建设上一个新台阶。今后主要应采取以下对策：

1．对全国档案信息化建设进行统一规划

档案信息化建设的目的，是为了将档案信息资源集聚和整合起来，实现档案资源社会

共享，更好地为各级领导和机关服务，为社会各界服务，为广大公民服务。为此，档案信息化建设在当前新一轮深入发展的关键时刻，必须统一规划、统一标准、统一规范，克服各自为政的局面。

2．档案信息化建设中应掌握一定的原则

把握适合档案工作规律和特点的基本原则，才能卓有成效地开展档案信息化的各项工作。要应坚持以档案信息开发利用为中心，文档管理一体化、双轨制、确保网络安全等原则。

3．抓紧档案信息化法制与标准建设

（1）加快推进档案信息化法制建设。按照《中华人民共和国档案法》及《电子公文归档管理暂行办法》（国家档案局第6号令）的要求，加快研究和制定电子公文归档、电子档案管理、档案信息公开和上网安全、网站建设与管理等方面的行政规章，形成有效的激励约束机制，推动档案信息化建设有序开展。

（2）完善档案信息化标准体系。学习、宣传与贯彻国家档案局制定的档案信息化建设标准规范，制定和完善地方性标准规范和实施办法，是档案信息化建设中要解决的一些重要问题。根据《电子文件归档与管理规范》，制定本地区、本系统以及全国电子文件归档及档案信息采集、交换、整合和安全管理等方面的技术标准，如《电子文件归档与管理细则》《各类档案数据库结构交换格式标准》《网站资源归档与管理规范》《纸质档案数字化技术规范》《照片档案数字化技术规范》《录音录像档案数字化技术规范》《数字档案馆设计与建设规范》《档案管理网络安全标准》《档案文件开放控制办法》《数字化声像档案著录规则》《多媒体信息采集操作规程》等。形成档案信息化标准体系，还需要尽量使档案信息化的标准向国际标准靠拢。

4．档案信息化建设必须与电子政务建设结合起来

实施电子政务是全社会发展的大势所趋，是贯彻中央以信息化带动工业化发展战略的重要行动，是中国入世后政府工作的重要步骤。档案信息资源是人类社会发展的历史记录，是国家的一种原生的、独有的、不可替代的信息资源，是电子政务建设不可缺少的重要公共信息资源。应把档案信息化建设放在国家电子政务建设的大环境中去思考、去规划，使档案信息化建设档案信息资源的开发应用真正成为电子政务的重要组成部分。应参与电子政务的建设，研究和落实电子政务与档案信息化的相互要求，形成一体化的管理模式。

必须充分认识档案信息化建设在电子政务建设中的地位和作用，自觉地把档案部门的信息化工作与党委、政府的办公自动化结合起来，与电子政务建设结合起来，积极争取领导的重视和信息部门的支持。档案部门要加强与电子政务建设部门的联系、沟通，统筹安排信息化建设，积极争取将档案信息管理纳入电子政务建设中，依托电子政务内网，建设部门网，建立网站，发布档案政务信息和档案资料；同时，档案局应配备相应的软硬件设备，积极开展档案网站建设，在网上开展现行文件服务中心查询和馆藏档案目录查询工作，为电子政务建设、政务信息公开和便民服务。

5. 调整馆藏结构，加快数字档案馆建设

目前，各级档案馆保存的主要是传统载体档案，数字档案信息很少。为此，需要大力丰富数字档案馆藏，调整馆藏档案结构，加快传统载体档案信息资源数字化进程，扩大数字信息资源总量，发挥各级综合档案馆综合管理的优势，整合各类档案信息资源，把档案馆建设成为公众获取政府公开信息的便利场所。

数字档案馆可以通过馆藏档案数字化和电子文件的接收，整合各种档案信息资源，建立各级档案数据库，构筑一个多层次、分布式、规范化的档案数据库群，并通过多种信息网络平台实现档案信息资源共享。数字档案馆具有许多传统档案馆所不具备的功能，从而使数字档案馆在服务手段、服务质量，提供信息的广度和深度等方面都有质的提高，档案利用者可以不受时间、空间、数量的限制，迅速、准确地从网络上查阅各种档案信息资源。数字档案馆的档案信息资源不仅只是自身档案的馆藏信息，还可以将互联网上的有关信息经过整理后作为本馆的虚拟馆藏。因此，数字档案馆的馆藏档案信息应更为丰富，利用更加方便。

目前，如果将各馆档案全部数字化是不可能的，因此，有重点、有选择地对馆藏档案进行数字化是非常必要的。主要是对馆藏珍贵档案，对经济文化和科技发展具有长远使用价值的档案，对具有地方特色的档案，对利用率高、需求量大的档案，对可以开放的档案，对与广大公民生产生活息息相关的档案进行数字化。

6. 加强档案信息化技术人才的培养工作

档案信息化建设是一项技术性很强的工作，要想做好这项工作，除了掌握档案学基础理论知识和档案管理知识外，还必须掌握计算机技术、网络技术等现代信息技术知识。档案部门应尽快建立起一支现代信息技术能力较强的专门人才，以满足档案信息化建设的需要。可以采取引进和培养并重的措施。第一，要认真做好现职人员的培训工作，特别是领导干部和业务骨干必须接受有关计算机技术、网络技术、数字化技术、信息管理技术、现代管理技术等知识的培训；第二，要积极开展多种形式的技术培训和技术交流，努力营造学习新技术、新知识的良好环境；第三，要积极引进人才，要下大气力引进一批既懂档案专业，又懂计算机技术和网络技术的复合型人才，为他们创造一个良好的工作环境，使他们为档案信息化建设做出贡献。

参考文献

[1] 董永昌，何嘉荪. 电子文件与档案管理 [M]. 上海：百家出版社，2001.

[2] 高金宇，唐明瑶. 档案管理实务 [M]. 北京：科学出版社，2010.

[3] 韩秋黎. 学校档案管理理论与实务 [M]. 上海：上海交通大学出版社，2009.

[4] 洪漪. 档案管理原理与方法 [M]. 武汉：武汉大学出版社，1996.

[5] 楼淑君. 档案管理实务 [M]. 重庆：重庆大学出版社，2010.

[6] 卢爽，时文清，王军朋. 文书与档案管理 [M]. 北京：北京理工大学出版社，2015.

[7] 乔翔，郭山. 档案管理基础与实务 [M]. 北京：中国传媒大学出版社，2012.

[8] 施晔红. 企业文书与档案管理实务 [M]. 武汉：武汉大学出版社，2011.

[9] 王晓珠，袁洪. 高校档案管理探索 [M]. 昆明：云南大学出版社，2011.

[10] 肖秋惠. 档案管理概论 [M]. 武汉：武汉大学出版社，2009.

[11] 徐明友. 文书与档案管理 [M]. 成都：电子科技大学出版社，2014.

[12] 杨学锋. 现代化档案管理与服务研究 [M]. 北京：中国商务出版社，2018.

[13] 张端，刘璐璐，杨阳. 新编档案管理实务 [M]. 成都：电子科技大学出版社，2017.

[14] 赵嘉庆，张明福. 档案管理 [M]. 北京：档案出版社，1991.

[15] 郑利达. 新时期企业档案管理与创新初探 [M]. 长春：吉林人民出版社，2017.

[16] 周晓林. 档案管理基础与实务 [M]. 徐州：中国矿业大学出版社，2002.